내 마음
들었다 놨다

내 마음
들었다 놨다

김현태 지음

레몬북스
lemon books

1장 · 7
당신이 기적입니다

2장 · 49
괜찮아 이 또한 지나갈 테니

3장 · 93
마음한테 지지 않기를

4장 · 137
길은 어디에나 열려 있습니다

5장 · 183
행복한 순간은 지금 이 순간입니다

6장 · 225
아무도 대신할 수 없는 인생이기에

1장
당신이 기적입니다

기적, 그 자체 당신

수프를 가른 건 기적이 아니고 속임수 일 뿐이야.
두 개의 직장을 가지고 있는 미혼모가
시간을 쪼개서 아이의 축구 연습을 보러 가는 게 기적이야.
10대가 마약을 안 하고 학업에 열중하면 그게 기적이야.
사람들은 기적의 능력을 가지고서도
그걸 잊고 나에게 소원을 빌어.
기적을 보고 싶나?
그럼, 스스로 기적이 되게.

영화 〈브루스 올마이티〉 중에서

아침에 눈을 떠 찬란한 태양을 바라보는 것
그건 평범한 일상이기도 하지만 기적이기도 합니다.
밀리는 버스나 지하철을 타고 일하러 가는 것
그건 힘겨운 삶의 시작이기도 하지만 기적이기도 합니다.
뜻하지 않는 사고로 병원에 누워 있는 것
그건 고달픈 고통의 시간이기도 하지만 기적이기도 합니다.
연정을 품은 이로부터 이별통보를 받은 것
그건 눈물 나는 일이기도 하지만 기적이기도 합니다.

이렇게 살아 있지 않습니까?
이렇게 꿈을 꾸고 있지 않습니까?
그게 바로 기적입니다.
기적을 만들려고 애쓸 필요도 없고 기다릴 필요도 없습니다.
그 자체, 당신이 바로 기적입니다.

삶의 속도가 아니라 방향으로

목적지에 빨리 도달하려고 달리는 동안
주변에 있는 아름다운 경치는
모두 놓쳐 버리는 거예요.
그리고 경주가 끝날 때쯤엔
자기가 너무 늙었다는 것을 알게 되고
목적지에 빨리 도착하는 건
별 의미가 없다는 것을 알게 되지요.

진 웹스터, 〈키다리 아저씨〉 중에서

여기 시계와 나침반이 있습니다.
당신은 지금 인생이라는 산에 올라가야 합니다.
당신이라면 어떤 물건을 챙기겠습니까?
여기서 시계는 속도이고 나침반은 방향입니다.
살다 보면 속도가 필요할 때가 있습니다.
남보다 더 앞서야 경쟁에서 이길 수 있고
일을 빨리 끝내야 더 많은 업적을 이룰 수 있습니다.
그러나 자칫 성과에 매달리다 보면
놓치고 가는 게 생기기 마련입니다.
또한 속도만 쫓다 보면 자기 자신을 잃어버릴 때가 있습니다.
그럴 때 잠시 멈추고 뒤를 돌아봐야 합니다.
지금 나는 누구인가,
지금 나는 어디로 향하고 있는가,
지금 나는 무엇을 위해 이렇게 뛰고 있는가.
아무리 빨리 달린다 해도 그 방향이 그르거나
나 자신을 잃으면 아무 소용이 없습니다.
명심하십시오. 삶은 속도가 아니라 방향이며
성과를 이루는 게 아니라 나 자신을 잃지 않는 것임을.

침묵의 칼

살다보면 말이 없어집니다.
서로 다 안다 생각하니 굳이 할 말이 없어지는 거지요.
거기서부터 오해가 생기는 거예요.
침묵에 길들여지는 건 무서운 거예요.
자신의 공간을 침묵으로 삼키게 내버려 두지 마세요.

영화 〈내 아내의 모든 것〉 중에서

말이 통하지 않는다 싶으면 곧장 입을 닫아 버립니다.
침묵으로 시위하고 침묵으로 항변합니다.
그러나 침묵은 또 다른 갈등의 시발점입니다.
침묵한다고 문제가 해결되는 건 절대 아닙니다.
침묵은 휴전을 가장한 잔인한 공격이며 상대에 대한 철저한 무시입니다.

입을 여십시오.

평생 볼 사람이 아니라면 침묵으로 마무리하는 게 깔끔하고 좋지만, 눈만 뜨면 또 봐야 하는 사람이라면 아무 이야기라도 먼저 하십시오. 용기가 있다면 먼저 사과하고 아직도 사랑이 남아 있다면 따뜻한 말로 화해를 신청하십시오.
정말로 말하기 껄끄러우면 옆구리라도 쿡 찌르세요. 지금은 침묵이 금이 아니라 독입니다. 독이 더 퍼지기 전에 빨리 침묵을 깨십시오.

가치와 쓰임새

똑같은 바람에도
어떤 배는 동쪽으로,
어떤 배는 서쪽으로 갑니다.
배의 방향을 결정짓는 것은
바람이 아니고 돛 입니다.
인생도 다를 바 없다.
인생의 방향을 결정하는 것은
전쟁이나 평화가 아니고
우리의 영혼의 의지입니다.

윌콕스

시집 한 권이 있습니다.
세 살 먹은 아이에게 그 시집을 주면
아이에겐 장난감 하나가 생긴 것입니다.
갈기갈기 찢고 쪽쪽 빨며 놉니다.
라면을 막 끓인 청년에게 그 시집을 주면
냄비받침으로 쓸 것입니다.
비를 맞고 있는 사람에게 그 시집을 주면
우산이 되어줄 것입니다.
시련을 당한 사람에게 그 시집을 주면
안티푸라민 같은 위안이 될 것입니다.
시집 한 권도 사용하는 사람이
어떻게 쓰느냐에 따라
가치와 쓰임새가 달라집니다.

우리에게 주어진 인생도 그렇습니다.
어떻게 사용하느냐에 따라 미래가 달라집니다.
지금 인생이라는 선물이 당신에게 주어졌습니다.
당신은 그 선물을 어떤 용도로 사용하시겠습니까?

엄마 생각

제일 안전한 피난처는
어머니의 품속이다.

로리앙

친구가 그리워 눈을 감으면
어느새 친구가 내 앞에 나타납니다.
배가 고파 눈을 감으면
어느새 밥이 내 앞에 놓여 있습니다.
상상만으로도 모든 것을
내 앞에 불러들일 수 있습니다.
그런데 엄마가 보고 싶어 눈을 감았는데
엄마는 오지 않고
그저 눈물만 나옵니다.
살다 보면 왜 그렇게
엄마가 그리운 날이 많은지 모르겠습니다.

적당한 거리의 법칙

떨어져 있을 때의 추위와
붙으면 가시에 찔리는 아픔 사이를
반복하다가
결국 우리는 적당히 거리를
유지하는 법을 배우게 된다.

쇼펜하우어

나무와 나무 사이엔 적당한 거리가 필요합니다.
너무 가까이 붙어 있으면 한정된 영양분을 나눠 먹어야 하기에
튼실하게 자랄 수 없습니다.
고슴도치와 고슴도치 사이엔 적당한 거리가 필요합니다.
너무 가까이 붙어 있으면 뾰족한 가시 때문에
서로에게 상처를 줄 수 있습니다.
자동차와 자동차 사이엔 적당한 거리가 필요합니다.
안전거리를 유지하지 않을 경우
뒤차는 앞차의 돌발상황을 피할 수 없게 됩니다.

사람도 마찬가지입니다.
적당한 거리가 필요합니다.
서로 그리워할 만큼의 거리,
서로 이해할 수 있을 만큼의 거리,
서로 소유하지 않고 자유를 줄 수 있는 거리,
서로 불신하지 않고 신뢰할 수 있는 거리,
그 거리를 유지해야만 관계가 더 오래갈 수 있습니다.
내 편으로 만들고 관계를 오래 유지하고 싶다면 집착보다는,
때로는 제3자인 것처럼 한걸음 물러나 관망하는 것도 필요합니다.

외로우니까 사람

인간에게 고독이란 중요한 것이다.
당신은 평안과 만족을 얻으려면 그것이 필요하다.
그것은 당신 영혼의 갈증을 해소시키는 샘이다.
그것은 당신이 당신의 모든 경험으로부터
진실로 가치 있는 것을 선택할 수 있는 실험실이다.
그것은 당신을 안정시키는 안식처다.

마가렛 물락

한없이 외로움에 사로잡힐 때가 있습니다.
창문을 두드리는 빗방울을 바라보고 있노라면
어느새 내 눈망울이 촉촉해집니다.
가을바람에 흔들리는 나뭇잎을 바라보고 있노라면
마음 한구석이 숭숭 구멍이 난 듯 허전해집니다.
다정하게 손을 잡고 연인을 먼발치서 바라보고 있노라면
여태 나는 뭘 했나 한숨이 나옵니다.
그런데 정말이지 혼자라서 외로운 걸까요?
물론 혼자보단 둘이, 둘보단 셋이 덜 외롭겠지요.
그러나 아무리 누군가와 함께한다 해도
본연의 외로움은 채울 수 없습니다.
시인 정호승은 이렇게 노래했습니다.
"가끔 하느님도 눈물을 흘리신다.
새들이 나뭇가지에 앉아 있는 것도 외로움 때문이다.
산 그림자도 외로워서 하루에 한 번씩 마을로 내려온다.
종소리도 외로워서 울려 퍼진다."
사람이니까 외로운 법입니다.
또한 당당히 홀로 서지 못하면
그 외로움은 평생 떨칠 수 없습니다.
외로우면 외로운 대로,
그리고 외롭지 않으려면 홀로 서는 연습을 하는 것,
그게 외로움을 이길 수 있는 최고의 처방전입니다.

행 복 줍 기

행복을 찾아 나선 사람이
행복을 찾아낸다면
그것은 마치 할머니가
항상 코에 걸치고 있는 안경을
찾는 것과 같다.

조시 빌링스

옆에 서 있던 사람이
조금 비켜주자
햇빛이 내 뺨에 내려앉을 때,
침대 밑을 빗자루로 쓸었는데
활짝 웃는 얼굴의 사진 한 장이 딸려 나올 때,
찬밥 한 덩어리가 있다는 걸 확인하고
라면 물을 끓일 때,
말다툼한 친구에게 먼저 사과할까 하고
휴대폰을 만지작거리는데
화면에 친구의 전화번호가 뜰 때,
서점에 가서 이 책 저 책을 뒤지다가
맘에 드는 문구를 발견했을 때.

그리고
살아 있는 지금 이 순간
행복은 이렇듯 도처에, 내 마음에.

내가 만드는 길

만약 우리가 어떻게 느꼈는지
남들에게 항상 말한다면
얼마나 끔찍할지 상상할 수 있어.
인생은 견딜 수 없을 만큼
견딜 만할 거야.

랜디 멀홀랜드

아직 발견되지 않는 길이나
사람들이 자주 가지 않는 길이라면
그 누구도 섣불리
그 길 위에 발자국을 찍으려 하지 않습니다.
두려움 때문에 망설여집니다.
그러나 기억하십시오.
첫발 하나가 곧이어 서너 발이 되고
서너 발이 모여 결국 새로운 길을 열게 됩니다.
그 새로운 길은 누군가에게는 큰 힘이 되고
사람들은 그것을 기적이라고 말합니다.

신대륙을 두 번째 발견한 사람을 기억합니까?
달에 두 번째 도착한 사람을 기억합니까?
다수의 선택이 반드시 옳은 것은 아닙니다.
다수의 믿음이 반드시 절대적 진리는 아닙니다.
위대한 진리나 놀라운 발견은
어쩌면 험한 길의 한 모퉁이에 있는지도 모릅니다.
첫발, 첫 시도 그리고 첫 사람.
모두 당신에게 어울리는 단어입니다.
지금 시작하십시오. 레디 액션!

채워가는 삶

백지를 두려워 말라.
아무것도 없다는 것은
무엇이든 할 수 있음을 뜻한다.
모든 독창적인 아이디어는
텅 빈 페이지에서 시작된다.
모든 독창적인 차도 그렇다.

광고 〈인피니티 FX〉 중에서

가진 것이 없으면 억울하다 느낍니다.
가진 자가 누릴 수 있는 혜택보다 덜 누려야 하니까요.
힘이 없으면 서럽기도 합니다.
힘이 있는 자의 압력과 권위에 주눅이 들고 기죽기 때문입니다.
재능이 없으면 뒤처지기도 합니다.
튀지 못할 뿐만 아니라 그만큼 기회가 덜 주어지니까요.

혹여 지금 당신의 처지가 그렇습니까?
가진 것 없고, 힘이 없고, 재능이 없나요?
설령 그렇다고 해도 무너지진 마십시오.
무너지기엔 아직도 많은 시간이 남아 있습니다.
인생이라는 긴 마라톤에서 승리를 결정짓는 건 좋은 운동화가 아닙니다. 좋은 음료가 아닙니다. 맨발이면 어떻고 물 한 잔이면 어떻습니까?
중요한 건 건강한 몸과 강인한 의지입니다.
이미 채워진 잔에는 더는 물을 담을 수 없고 이미 칠해진 도화지에는 더는 색을 채울 수 없습니다.
모든 것은 무無에서부터 시작되었습니다. 어쩌면 아무것도 없다는 게 더 큰 기회인지도 모릅니다. 뒤돌아볼 필요도 없고, 빼앗길 것도 없으니 앞만 보고 달리면 되니까요. 이제 열심히 채울 일만 남았습니다.

사랑, 기꺼이

벌들은 종종
벌통을 떠나 죽는다.
바이러스 수치가 높으면,
이들은 자기가 왜 아픈지 아는 듯
고의로 벌통을 떠나 다른 벌들에게
옮기지 않으러 우리의 선조들이 그랬던
것처럼 자신을 희생한다.
생각해 보라.
때가 왔음을 안 할아버지는 이글루를 떠나,
북극곰에게 자신을 먹이로 바친다.

한나 노드하우스, 〈꿀벌을 지키는 사람〉 중에서

봄이 아름다운 이유는
하얀 목련과 노란 개나리가 있기 때문입니다.
그런데 이것들의 성장 과정은 조금 남다릅니다.
대부분의 식물은
초록 잎사귀를 내놓은 후에
서서히 꽃망울을 내놓고
이어 망울의 껍질을 벗고 예쁜 꽃을 피웁니다.
그런데 목련과 개나리는 먼저 꽃을 보입니다.
왜 가장 소중한 것을 먼저 보여주는 걸까요?
사람들에게 조금이라도 더 빨리
희망찬 봄을 보여주고자 그랬던 겁니다.
목련과 개나리는 혹독한 추위에 맞서,
자신들의 고통과 아픔을 겨울에 기꺼이 내주고
봄을 산 것입니다. 우리를 위해서 말입니다.

세상의 빛

매일 세상은
우리에게 변화를 만들자고 부른다.
지금 이 순간부터 그러한 삶을 시작해야 한다.
아무리 사소한 첫걸음이라도
결코 작은 내딛음이 아니다. 한날 쓰레기라도 줍자.
이웃의 노인들을 찾아뵙자.
학교 아니면 노숙자 임시보호소에
자원봉사자로 나서자.
감동을 주는 일에 헌신하자.

빌 스트릭랜드, 〈피츠버그의 빈민가에 핀 꽃〉 중에서

가난한 사람들이 찾아와 허기진 배를 채우는
'민들레국수집.'
그곳에 매주 월요일마다
달걀 두 판을 살짝 내려놓고 가는 집배원이 있습니다.
일주일 용돈 이 만 원을 받으면
제일 먼저 달걀 두 판을 사서 그곳에 옵니다.
그리고 힘든 집배원 일임에도 불구하고
월요일마다 점심을 거릅니다.
돈을 아끼려고 굶는 것이 아니라
배고픈 이들과 함께 마음을 나누기 위해서입니다.
정년퇴직하면 민들레국수집에서
설거지를 하는 게 꿈이라는 그.

길거리를 가다가 달걀 두 판을 들고 가는
집배원을 보거든 고맙다고 인사하며
한 번 안아주십시오.
당신의 가슴까지 따뜻해질 겁니다.

'늘'의 힘

인생은 흘러가는 것이 아니고,
성실로써 이루어져 가는 것이라야 한다.
우리는 하루하루를
그저 보내는 것이 아니고,
하루하루를 자기 자신이 가진
그 무엇으로 채워가야 한다.

J. 러스킨

헤밍웨이에게 누군가가 물었습니다.
"창작활동의 비결이 무엇입니까?"
그는 대답했습니다.
"무슨 일이 있어도 매일 정해진 시간에 책상에 앉는 것입니다."

이 세상에는
유명한 성공 컨설턴트들이 제시한
성공하는 비법이
수백 수천 가지에 달합니다.
인내, 열정, 노력, 꿈, 희망, 시간관리,
결정, 극복, 추진력, 의지, 인간관계, 최선…….
너무 많아서 열거할 수도 없습니다.
너무 많아서 무엇을 취할지 헷갈리기도 합니다.
그럴 때 모든 것을 한 단어로 압축한,
이것만을 기억하십시오. 그럼 성공할 것입니다.
바로
'늘'

긍정의 선택

하반신 마비가 되기 전에
내가 할 수 있었던 일은
1만 가지였다.
그러나 이제는 내가 할 수 있는 일이
9천 가지가 있다.
나는 내가 잃어버린 1천 가지를
후회하며 살 수도 있고 아니면
아직도 내게 가능한 9천 가지를
하면서 살 수도 있다.
선택은 내게 달려 있다.

잭 캔필드

살다 보면 전혀 예상치 못한 불운에 휩싸일 때가 있습니다.
그때 두 가지 마음이 생깁니다.
부정과 긍정.
포기, 절망, 낙담, 눈물 등 부정적인 생각에서 한동안 자유롭지 못합니다. 그러나 사람은 의외로 회복력이 빠릅니다. 그 회복력을 당신은 갖고 있습니다. 자리에서 일어나 햇살을 맞이하십시오. 가슴을 내밀며 앞으로 무작정 달리십시오. 가슴을 짓누르는 것들이 있으면 소리 질러 입 밖으로 다 내보내십시오. 머지않아 부정은 긍정으로 바뀌게 될 것입니다.

2차 대전이 일어났을 당시, 자신의 집에 유대인을 숨겨줬다는 이유로 아우슈비츠 수용소로 끌려간 코리 텐 붐 여사.
그녀는 수용소에서 말 못할 고초를 겪었지만 절대로 인생의 끈을 놓지 않았습니다.
전쟁이 끝나자, 그녀는 지옥 같은 그곳에서 벗어날 수 있었습니다. 그녀는 지금 이 순간 절망의 늪에서 허우적거리는 이들에게 이렇게 말합니다.
"기차가 터널 속으로 들어갔다고 당신은 기차표를 찢거나 기차에서 뛰어내리지 않을 것입니다. 눈앞이 보이지 않아 캄캄할지라도 기관사를 믿고 기다리는 것이 최선의 방법입니다."
앞으로 살아가야 할 인생 길, 그 길 위에서 우리 웃으며 다시 만납시다.

필요한 시간

아무 일도 안되나 싶을 때면
나는 해머 질을 하는 석공을 찾아가 구경한다.
백 번을 내리쳤는 데도
돌덩이리는 금 하나 보이지 않다가
백 한 번째 내리치면
둘로 갈라지기도 한다.
그러나 나는
백 한 번째 때린 것 때문에
돌덩이리가 쪼개진 것이 아님을 알고 있다.
때린 횟수 하나하나가 합해서
돌덩이를 쪼갠 것이다.

　제이콥 리이스

타이거 우즈는 2년간 대회에 출전하지 않았습니다.
그리고 드디어 1999년에 골프채를 들고 다시 나타났습니다.
새로운 마음으로 골프채를 휘두른 그는
14개 세계 대회에서 무려 10회나 우승했습니다.
기자가 물었습니다.
"2년 동안 뭘 했습니까?"
타이거 우즈가 대답했습니다.
"스윙 자세를 교정했습니다."

너무 서두르지 마십시오.
새싹이 땅을 뚫고 밖으로 나오려면
씨앗에게 어느 정도의 시간이 필요합니다.
어두운 땅속에서 두려움과 외로움을 견뎌야 합니다.
그 시간을 참아내야만
지상으로 나와 꽃을 피울 수 있습니다.
인생의 찬란한 빛을 얻으려면
먼저 칠흑 같은 시간을 사랑해야 합니다.
인고忍苦의 시간이 모여 영광이 되는 것입니다.

아름다운 하루

우선 입술과 양쪽 눈의 미소부터 시작하자.
그리고는 명랑하게 '안녕' 하고 말하자.
당신을 행복하고 현명하게 만들어 준다.
상냥한 말 한마디는 당신의 인사를 향기롭게 하고
포옹은 그날을 달콤하게 만든다.
조그만 친절은 숨어 기다리는 어둠을 밝혀주고
부드럽고 맑은 투명한 장밋빛으로
당신의 얼굴을 빛나게 한다.
웃음소리는 당신이 드리우는 그림자를
조그맣게 만든다.
자, 이 처방전대로 해보자.

사무엘 울만, 〈확실한 처방전〉 중에서

눈만 뜨면 상대를 헐뜯고 무시하고 짓밟으며 상처 주기 바쁩니다.
물론 마음이야 그런 마음이 아닐 테지만 희한하게 서로 만나기만 하면 갈등이 생깁니다. 양보하면 될 것을 끝끝내 자존심만 내세웁니다. 상대가 넘어지고 뒤처져야만 내가 앞설 수 있고 내가 더 행복한 줄만 압니다. 그러나 그건 착각이고 어리석은 생각입니다.

상대는 곧 나입니다.
상대가 웃으면 나도 웃을 수 있고 상대가 즐거우면 나도 즐거운 겁니다.
원하는 것을 받기 전에 원하는 것을 먼저 주십시오.
미소, 인사, 친절, 상냥한 말투…….
돈으로는 살 수 없는 이러한 가치들을 상대에게 준다면 당신은 충분히 행복해질 수 있습니다. 이러한 것들이 인생을 빛나게 하고 아름답게 만드는 열쇠입니다.
오늘 하루 어떠하길 바랍니까? 답은 이미 나와 있습니다. 주는 만큼 되돌아옵니다. 어쩌면 더 많이.

없는 것에 대한 집착

봄이 오면 나는 벚나무 가지를 손으로 더듬어 봅니다.
벚나무 덩굴 속으로 흐르는 물을,
나는 손끝으로 느낄 수 있습니다.
이 놀라운 기적을 그냥 지나쳐 버리고 맙니다.
여러분들이 하루에 한 시간씩만이라도
장님이 되거나 귀머거리가 될 수 있다면
저 벚나무의 꽃과 저 나뭇가지 위를
날아다니는 새의 울음소리를 들을 수 있는
사소한 기쁨이야말로 최고의 은총임을 깨닫게 될 것입니다.

헬렌 켈러

"남의 떡이 커 보인다."라는 속담.
우리는 늘 내 것이 아닌 다른 것에 대해 그리워하고 집착하게 됩니다. 그러다가도 막상 원하는 것이 내 손에 들어오면 그것을 시시하게 생각합니다.
그런 마음은 다 소유욕으로부터 시작된다고 볼 수 있습니다.
얻고자 하는 욕망, 채우고자 하는 욕심, 그 마음이 오히려 내 마음을 공허하게 만들고 부족하게 만듭니다. 얻으려고만 했지, 채우려고만 했지 그 이후를 생각하지 못합니다. 그래서 불만족은 계속됩니다.
없어도 행복할 수 있고, 부족해도 만족하는 방법은 오직 하나.
지금의 상황, 지금의 나를 인정하고 받아들이는 것입니다.
지금 이 순간이 제일 소중하고 행복한 시간임을 기억하고 지금 함께 있는 사람이 얼마나 내게 필요한 사람인지 깨닫는 것입니다. 지금 이 순간을 사는 사람만이 미래를 살 수 있고 행운 또한 거머쥘 수 있습니다.
눈을 타인의 사물이나 시간에 돌리지 말고 나 자신에게 집중하십시오. 그러면 혼자라도 외롭지도 않고, 물질 앞에서 흔들리지도 않습니다. 지금 이 순간, 나로 사십시오.

목숨 걸기

인생이란 숭고한 바다다.
우리는 그 바다를 헤엄쳐 가는 형제들이다.
그 중 누가 난파해서 절망 속에 신음할지라도
그 발자취를 보고 오히려 용기를 가지라.
어서 모두 일어나 다 같이 일하자.
어떠한 운명에도
과감하게 맞서서 끝까지 성취하고
한없이 탐구하여 최선을 다한 뒤 기다리자.

롱펠로우

세상에서 가장 빠르다는 치타.
그 치타가 아무리 빠르더라도
사슴 한 마리를 잡는 일, 그리 쉽지 않습니다.
치타는 한 끼 식사를 위해 달리지만
사슴은 목숨을 걸고 달리기 때문입니다.
치타는 실패하더라도 한 끼 굶으면 되지만
사슴은 잡히면 죽고 맙니다.
사슴이 치타보다 느리지만 치타를 이기는 이유입니다.

무슨 일이든 목숨 걸고 해야 합니다.
이 정도면 되겠지, 대충대충 어설프게 한다면
이룰 수 있는 게 아무것도 없습니다.
무슨 일이든 열정을 다 바쳐야 합니다.
목숨 걸고 한다면 자기 자신도 믿지 못할 정도로
거대한 거인의 힘이 솟구칩니다.
목숨 걸고 한다면 이루지 못할 일이
어디 있겠습니까.

사라진 시간

시간이란 실제로 존재하지 않는다.
다만 우리 머릿속에
추상적인 개념으로 자리할 뿐이다.
현재만이 우리가 가진 유일한 시간이다.
이 시간을 소중히 여기라.
이 시간을 활용하라.

앤드류 매튜스, 〈자신 있게 살아라〉 중에서

아이스크림이 하나 있습니다.
지금 아이스크림이 눈앞에서 녹고 있습니다.
이 상황이라면 어떻게 하시겠습니까?
재빨리 아이스크림을 쥐고 입안으로 쑤셔 넣을 것입니다.
아이스크림을 그냥 녹게 놔두는 바보는 없을 테지요.

이런 경우는 어떻게 하시겠습니까?
시계 하나가 있습니다.
지금 그 시계는 눈앞에서 열심히 달리고 있습니다.
똑깍. 똑깍. 별 느낌이 없을 겁니다.
그냥 시간이 가도록 내버려 둘 것입니다.
그런데 생각해보십시오.
아이스크림보다 더 귀한 게 바로 시간입니다.
녹는 아이스크림 앞에서는 정신없이 움직이면서
시간 앞에서는 참으로 태연하고 태평합니다.
시간은 녹고 있는 아이스크림과 같습니다.
조금이라도 늦으면 먹을 수 없는 것처럼 시간도 방치한 채 내버려두면 두 번 다시 사용할 수 없습니다.
지금 시간이 녹고 있다고 생각하십시오.
결론은 하나입니다. 녹기 전에 시간을 사용하십시오.
시간을 낭비하지 않고 귀하게 여긴다면 인생은 달라질 것입니다.

작은 것들의 힘

한 걸음 한 걸음
그저 걸어가기만 하면서
목적지에 다다를 수 있다고 생각해서는 안 된다.
한 걸음 한 걸음 그 자체에 가치가 있어야 한다.
큰 성과는 가치 있는
작은 일들이 모여서 이뤄지는 것이다.

단테

거대한 숲을 이룰 수 있었던 건
땅을 뚫고 세상 밖으로 나온
작은 씨앗으로부터 출발하였습니다.
거대한 바다를 이룰 수 있었던 건
새벽녘 잎사귀에 내려앉은
작은 이슬 한 방울로부터 출발하였습니다.
척박한 세상을 그래도 살만하게 만든 건
눈을 비비며 일어난 작은 아이의
해맑은 미소가 있었기 때문입니다.
개미들이 지구를 떠받치고 있기에
지구가 떨어지지 않고 버티고 있으며
나비들이 열심히 날갯짓하므로
이따금 시원한 바람이 불어온 것입니다.

작은 것 하나라도 귀하지 않은 게 없습니다.
이 세상의 위대한 것들은 모두 어쩌면
아주 작은 것들의 속삭임에서부터 시작되었는지도 모릅니다.

2장
괜찮아 이 또한 지나갈 테니

꺾이지 않는 희망

생명이 있는 한 희망이 있다.
희망은 만사가 용이하다고 가르치고
절망은 만사가 곤란하다고 가르친다.
희망을 친구로 삼을 것인가
아니면 절망을 친구로 삼을 것인가.
어느 쪽을 선택할 것인가?

J. 위트

어린 닭 하나가 있습니다.
그는 날고 싶습니다.
그래서 최후의 수단을 선택했습니다.
먼저 나뭇가지에 밧줄을 걸고
그 줄에 자신의 목을 매달았습니다.
그리고는 망설임 없이
허공에 몸을 던졌습니다.
팽팽해진 밧줄은
어린 닭의 숨통을 점점 조였습니다.
참을 수 없는 절박함,
가장 절망스러울 때 희망이 온다고 했던가!
화석처럼 굳은 줄만 알았던 날개가
파드득파드득, 움직이기 시작했습니다.
어린 닭, 드디어 하늘을 들었다 놨다 했습니다.

우리네 삶도 마찬가지입니다.
절실히 갈망하라.
그럼, 하늘에서 희망의 밧줄이 내려옵니다.

창조적 파괴

세상에서는 경험이나 지식이 없는 사람을
바보라고 부른다.
그러나 사람이 진정으로 새로운 뭔가에
도전할 때 가장 큰 장벽이 되는 것 역시
그 경험과 지식이다.

이시카와 다쿠지, 〈기적의 사과〉 중에서

질레트는 '트렉Ⅱ'라는 이중 면도날 출시에 이어,
헤드가 움직이는 '아트라' 회전 면도기를 선보였습니다.
그리고 곧이어 이중 면도날이 따로 움직이면서
충격을 흡수하는 '센서'라는 신제품을 출시했고
3개의 회전 면도날이 달린 '마하 3'을 내놓았습니다.
사실, 계속해서 신제품을 출시하지 않아도 됩니다.
어차피 질레트는 면도기의 최강자이기 때문입니다.
그러나 그들은 파괴와 창조를 수없이 반복합니다.
파괴와 창조 사이에 더 나은 발전이 있기 때문입니다.

세계적인 경영학자 피터 드러커는 말했습니다.
"3년에 한 번씩은 모든 관행을 재검토하고,
상황에 적합하지 않은 모든 것은 폐기해야 한다."
쇼윈도의 마네킹도 계절이 바뀌면 옷을 갈아입고
산도 가을이 되면 붉은 잎으로 갈아입듯
사람도 마찬가지입니다.
자신을 스스로 파괴하고 창조해야 합니다.
창조는 파괴와 뒤집기로부터 시작됩니다.

마음의 장벽 뛰어넘기

당신은 당신 운명의 건축가이고
당신 운명의 주인이며
당신 인생의 운전자이다.
당신이 할 수 있는 것,
가질 수 있는 것,
될 수 있는 것에 한계란 없다.

브라이언 트레이시

"인간은 치타가 아니다. 불가능하다!"
그러나 1954년 5월 6일에
로저 배니스터는 1마일을 3분 59초 4에 주파했습니다.
불가능했던 4분 벽을 놀랍게도 그가 깬 것입니다.
그러나 더 놀라운 건 그 이후의 일입니다.
4분 벽이 깨진 후,
다른 선수들이 잇달아 그 벽을 깨기 시작했습니다.
한 달 만에 열 명이, 일 년 후에 서른일곱 명이
그리고 2년 안에 무려 수백 명이 그 일을 해냈습니다.
불가능할 거라고 믿어왔던
굳건한 마음의 장벽.
그것을 무너뜨리는 순간,
모두의 불가능을 가능으로 만든 것입니다.

이 세상에 불가능은 없습니다.
마음의 장벽만 무너진다면…….

이기는 나

안전함으로 후퇴할 것이냐
발전을 향해 전진할 것이냐는
당신의 선택이다.
끊임없이 발전을 선택하고,
끊임없이 두려움을 이겨내라.

에이브러험 매슬로우

홍수가 나면 강물은 빨라지고
가뭄이 들면 강물은 느려집니다.
땡볕이 내리쬐면 강물은 따뜻해지고
눈발이 날리면 강물은 차가워집니다.
이처럼 외부환경에 따라
강물은 변화무쌍합니다.
그렇다고 강물이
시궁창 물이 되거나 식염수가 되는 건 아닙니다.
형태와 성분만 조금 변할 뿐
강물은 그대로 강물입니다.

인간의 가치도 마찬가지입니다.
온갖 시련이 찾아와 몸과 마음이
찌그러지고 닳아지고 뭉개져도
인간의 가치는 변하지 않습니다.
당신은 여전히 빛나는 사람이고
그 무엇과도 비교도 되지 않는
아주 귀한 사람입니다.

과거로부터의 탈출

과거사는 이미 기록되어 있다.
슬픈 이야기이건 기쁜 이야기이건
과거의 이야기책은 덮어라.
미래사에 대해서는 걱정하지 말라.
단지 오늘, 오늘을 충실히 살아라.
오늘 우리는 그에게 순종해야 한다.
그러면 오늘 우리는 지상에서 그의 천국을 맛볼 것이다.

리디아 아베리 쿤레이 워드

힘들고 괴로울 때
과거의 문을 열고 들어가
낡은 상자에 담겨 있는 아름답던 추억을 꺼내
잠시 위로받고 다시 빠져나온다면
그건 괜찮습니다.
그러나 추억이 아닌 상처와 아픔으로
얼룩진 과거의 단단한 끈에 묶여
빠져나올 생각도 하지 않는다면
그것만큼 비생산적이며 위험한 건 없습니다.

과거가 자꾸 손을 내밀면 단호하게 거절해야 합니다.
과거는 현실뿐만 아니라 미래까지 잡아먹기 때문입니다.
과거는 아픔이든 영광이든 말 그대로 과거일 뿐입니다.
삶은 지금 이 순간에도 진행되고 있고
그 과정에 당신은 서 있습니다.
당신에게 가장 중요한 순간은 지금입니다.

당신의 발가락을 보십시오.
어디를 향해 있습니까? 뒤쪽이 아닌 앞쪽입니다.
발가락이 가리키는 쪽으로 걸어가십시오.
미련 두지 말고 앞을 향해 달려가십시오.

긍정의 신발

인생은 쉬지 않고 추운 길로 걸어가야 하는
나그네의 행로와 같다.
나그네는 추운 길을 갈수록 걸음을 빨리해야 한다.
사람이 한가하면 정신에 한기가 드는 법이다.
그것을 물리치려면 끊임없이 노력하는 길밖에 없다.

토크빌

살다 보면 이런 순간이 있습니다.
긍정과 부정 사이를 넘나들며 무엇을 선택해야 할지 망설임이 길어질 때.물론 당연히 긍정의 편에 서야 한다는 걸 잘 압니다.
그러나 그게 말처럼 쉬운 건가요.
내 의지와 상관없이 마음은 자꾸 부정과 절망의 깊은 수렁으로 빠져듭니다. 다시 시작하고자 하지만 한 번 찾아온 부정은 쉽사리 떨칠 수 없습니다. 그럼에도 불구하고 분명 당신은 옳은 선택을 할 것입니다.

이야기 하나를 들려드리겠습니다.
전쟁 중에 두 팔을 잃었지만 좌절하지 않고 열심히 살아간 청년 헤롤드 러셀. 그의 삶은 그 자체가 감동이자 희망이었습니다. 마침내 그의 삶이 영화화됐을 때 그는 직접 주인공으로까지 출연했습니다.
잃는 것에 대해 그는 이렇게 말합니다.
"남은 것을 사용할 때 잃은 것의 열 배를 보상받을 것입니다."
그렇습니다. 누구나 살다 보면 소중한 것들을 잃어버릴 때가 있습니다. 그러나 분명한 사실은 잃은 것은 이미 흘러간 과거라는 것입니다.
과거에서 벗어나야 미래로 갈 수 있습니다.
남은 것, 남은 생, 남은 희망, 남은 꿈을 위해 살아야 합니다.
그럼에도 불구하고 살아가는 것, 그게 인생이니까요.

완벽의 함정

뿔이 있는 소는 날카로운 이빨이 없다.
날카로운 이빨을 지닌 범은 뿔이 없다.
날개 달린 새는 다리가 두 개뿐이다.
예쁜 꽃 치고 열매가 변변한 것이 없다.
열매가 귀한 것은 대개는 꽃이 시원찮다.

좋은 것만 골라서 한 몸에 다 가진 것은
어디에도 없다.
다 가지려 하지 마라.
지금 가진 것마저 잃을 수도 있다.

풍경소리, 〈풍경소리2〉 중에서

귀퉁이 한 조각을 찾기 위해
동그라미가 온종일 힘겹게 돌아다녔습니다.
한 조각만 찾으면
완벽한 동그라미가 되기 때문입니다.
저녁 무렵, 드디어
자신에게 꼭 맞는 한 조각을 찾았습니다.
"난 이제 완벽해!"
그러나 동그라미는 행복하지 않았습니다.
둥글기에 계속 굴러야만 했습니다.
개미와 이야기를 나눌 수도 없고
나무 그늘에서 쉴 수도 없고
꽃향기를 맡을 겨를도 없습니다.

완벽함, 그것에 목숨 걸지 마십시오.
너무 찬란한 태양은 아무도 쳐다보지 못합니다.
완벽함 속의 불행보다
부족함 속의 행복이 더 낫지 않을까요.

하늘 속에 답

어떤 문제를 해결할 수 있고
그에 대해서 당신이 무언가를 행동할 수 있다면
걱정할 필요는 없다.
해결할 수 없는 것이라면
걱정해도 어쩔 수 없다.
그 무엇이든 걱정에서 얻을 수 있는 것은
아무 것도 없다.

달라이 라마 14세

선풍기가 고장나면 먼저 스스로 고쳐보려고 노력합니다.
그래도 고쳐지지 않으면 수리점에 맡깁니다.
기술자가 이리저리 만져보지만, 딱히 답이 없을 수도 있습니다.
그 순간, 선풍기는 고물이 되고 맙니다.
고물이 된 선풍기 앞에서 어떻게 하는 게 옳을까요?
방법은 하나.
미련 없이 버리고 새로운 선풍기를 장만해야 합니다.

쓸모없다 생각되면 과감히 버려야 합니다.
도저히 해결할 수 없는 일이라면 생각을 내려놓아야 합니다.
고민해서 해결될 문제라면 종일 고민하는 게 맞습니다. 그러나 고민해봤자 아무런 답을 구할 수 없는 문제라면 서둘러 내려놓아야 합니다. 내려놓는 것 또한 현명한 선택이며 용기입니다.
낡은 것을 버려야만 그 공간에 새로운 것을 채울 수 있습니다.

고민은 몸과 마음이 정체된 사람에게 더 잘 나타납니다. 고민을 없애려면 지금의 자리를 박차고 나와 새로운 공기를 맞아야 합니다. 햇볕 좋은 날, 젖은 마음을 빨랫줄에 겁시다. 나무 그늘에 앉아 지나가는 구름을 꼬집어줍시다. 가장 행복했던 추억을 간식 삼아 오물오물 씹어봅시다.

고민하지 않는 방법을 고민하는 것마저도 다 버리고 오늘 하루만이라도 하늘을 나는 새가 되어봅시다. 푸른 하늘을 꿰뚫고 지나가는 저 새처럼. 어느새 고민은 사라지고 당신은 자유인이 됩니다.

전염되기 전 차단하기

행복이란 수천수만의 꽃들 사이로 통과하지만
그 꽃을 하나도 다치게 하지 않는 햇빛 같은 거다.
그리고 행복이란 거울에 반사되는 빛처럼
정열적인 가슴에 도착하면
즉시 그것은 빛을 다른 이에게 반사한다.
오직 행복을 나누는 사람만이
완전히 행복한 사람이다.

제인포터

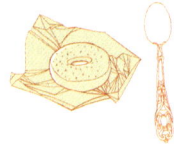

이런 이야기가 있습니다.
어느 날, 남편이 아름다운 보석 하나를 아내에게 내밀었습니다.
보석을 받은 아내는 무척 기뻐했습니다.
"그런데 이 보석 어디서 난 거예요?"
남편은 솔직히 고백했습니다.
"사실은 남의 집 담을 넘어서 훔쳤어."
아내는 깜짝 놀랐습니다.
"도대체 왜 그런 짓을 한 거예요? 어서 보석 주인에게 돌려줘요."
"어떻게 그래? 이왕 이렇게 된 거 이번만 눈 감아줘."

며칠 후, 남편은 또 도둑질한 보석을 아내에게 내밀었습니다.
아내는 안절부절못했지만, 막상 보석을 보니 마음이 바뀌었습니다.
"참 예쁘네요. 고마워요."
그렇게 매일 밤, 남편은 도둑질했고 아내는 그것을 당연한 일처럼 받아들였습니다.
그리고 급기야 아내는 남편과 함께 밤 작업에 나가기에 이르렀습니다.

"여보, 어서 담을 넘어요. 아무도 없어요."
"그래, 알았어. 누가 오는지 망을 잘 봐."
"걱정하지 말아요."
결국 부부는 둘 다 도둑이 되고 말았습니다.

한 사람이 감기에 걸리면 다른 사람도 전염되어 감기에 걸립니다. 또 한 사람이 웃으면 다른 사람도 전염되어 덩달아 웃습니다. 같은 공간에 함께 머물다 보면 닮아가는 경향이 있습니다. 보고 듣고 느끼는 것이 어느 정도 비슷하기 때문입니다.
내가 부정적인 마인드를 갖고 있으면 옆 사람도 부정적인 사람이 됩니다. 내가 남을 험담하기 좋아하면 옆 사람도 어느새 내 기운에 영향을 받아 남을 험담하는 버릇을 갖게 됩니다. 결국 나 역시 타인에 의해 영향을 받게 됩니다.
좋은 거라면 기꺼이 받아들여도 상관없지만 나쁜 거라면 가만히 앉아서 당하고만 있지 말아야 합니다. 검은 물감에 내 옷이 물들기 전에 그 자리를 박차고 나와야 합니다. 내 마음은 내 것이기에, 내 의지대로 움직여야 하고 나쁜 것들은 경계해야 합니다. 그래야 올바르고 아름다운 삶을 살 수 있습니다.

보이지 않는 것의 강함

모든 사람은 다만 자기의 앞만 본다.
그러나 나는 자기의 내부를 본다.
나는 오직 자기만의 상대인 것이다.
나는 항상 자기를
고찰하고 검사하고 그리고 음미한다.

몽테뉴

예쁜 외모는 사람들의 시선을 한순간에 사로잡을 수 있습니다.
예쁘면 그만큼 유리하겠지요. 어쩌면 더 많은 기회를 얻을 수도 있고 많은 사람으로부터 더 많은 사랑을 받을 수도 있습니다.
그러나 우리는 이미 다 알고 있습니다. 정작 중요한 건 보이는 것이 아니라 보이지 않는 거라는 사실을.
보이는 것은 돈을 지급하면 어느 정도 획득할 수 있는 것입니다. 그러나 보이지 않는 것은 그 무엇을 지급한다고 해도 얻기가 쉽지 않습니다. 보이지 않는 게 더 강력한 힘을 가지고 있습니다.
보이지 않는 내면의 그 무엇, 그 무엇을 위해 얻기 위해 얼마나 많은 시간을 투자하고 있습니까?
옷이 구겨지면 다리미로 반듯하게 펴야 하듯, 얼룩이 지면 옷을 깨끗하게 빨아야 하듯, 우리의 마음도 수시로 점검하고 더 좋은 방향으로 바로잡아줘야 합니다.

빛나는 외모로 시선을 사로잡을 수 있습니다.
그러나 그 시선이 오래도록 머물게 하기 위해선 내면의 아름다움이 뒤따라야 합니다. 외모는 좀 부족할지라도 내면이 아름답고 강하면 더 큰 매력이 될 수 있습니다. 보이는 것보다 보이지 않는 것이 한 수 위에 있음은 변치 않는 진리입니다.

기쁨을 유지하는 노력

흔히 인내라 하면
고통을 견디는 것으로 생각한다.
하지만 기쁨을 연장하고 행복을 지속시키는 것도 인내다.
행복에 감사하면서
행복을 보다 오랫동안 누리는 능력
또한 인내인 것이다.

스즈키 히데코, 〈힘들 땐 그냥 울어〉 중에서

정말로 갖고 싶은 것이 있으면 사람들은 그것을 갖기 위해 부단히 애를 씁니다. 돈으로 살 수 있는 거라면 열심히 돈을 벌고 부탁해서 얻을 수 있는 거라면 허리를 굽실거리고 심지어 그 어떤 방법으로도 얻을 수 없으면 몰래 훔치기까지 합니다.
그런데 막상 원하는 것이 내 손에 들어오게 되면 그때부터 그것에 대해 시시함을 느낍니다. 끝내는 그것을 구석에 버려두고 맙니다. 갖기 위해 노력한 만큼의 반의반만이라도 신경을 쓴다면 이 소중한 것들을 잃지 않을 텐데 말입니다.
잃은 후에 미련하게도 그 소중함을 다시 깨닫습니다. 잃은 것을 다시 얻기 위해 우리는 또 바보처럼 눈물겨운 사투를 벌입니다.

언제까지 이런 어리석은 짓을 계속 해야 할까요?
지금 내 주위의 사람, 내 주위의 물건, 내 주위의 생각. 이러한 것들이 소중한 것들입니다. 이러한 것들을 놔두고 괜히 다른 대체재만 찾으려 하지 마십시오.
잃고 후회하기보다 있을 때 잘 지키는 것이 백 번 천 번 현명한 방법입니다. 또한 그것에 대한 예의이기도 합니다.

인생 모험

너를 자극하는 뭔가를 발견해 내길 바란다.
전엔 미처 느끼지 못했던 것들을 느껴보길 바란다.
서로 다른 시각을 가진 사람들을 만나보길 바란다.
이게 아니다 싶으면
다시 처음부터 시작할 수 있는 강인함을 갖추길 바란다.

F. 스콧 피츠제럴드, 〈벤자민버튼의 시간은 거꾸로 간다〉 중에서

문제가 있으면 답이 있기 마련이고
결과가 있으면 원인이 있기 마련이고
현상이 있으면 진원지가 있기 마련이고
사건이 있으면 범인이 있기 마련입니다.
모든 것은 그 끝을 시작으로 거꾸로 유추하면 왜 그 일이 일어났는지 실마리를 찾아낼 수 있습니다.
그러나 답도 알 수 없고, 원인도 알 수 없고, 시작도 알 수 없는 단 한 가지가 있습니다. 그건 바로 '인생'입니다.

인생은 예측불허입니다.
느닷없이 문제가 생기기도 하고 사건이 터져 당황하게 되고 원인을 알 수 없는 결과 앞에서 망연자실하기도 합니다.
그렇기 때문에 누구에게나 인생은 쉬운 길이 아닙니다. 인생은 누구나 다 처음 겪는 모험이며 쉽사리 풀리지 않는 수수께끼입니다. 그렇다고 두려운 것만은 아닙니다.
어차피 알 수 없는 것, 풀 수 없는 것, 그러므로 모든 것이 정답이 될 수 있습니다. 당신이 정답이고 당신이 만드는 인생이 진짜 인생입니다. 다양하게 경험하고 다른 사람과 만나고 넘어지면 다시 일어나 또 걸으면 됩니다. 그러면 됩니다. 인생, 그것은 두려워할 필요 없습니다. 그냥 살면 됩니다.

엔진 가열 중

승리는 준비된 자에게 찾아오며,
사람들은 이를 행운이라 부른다.
패배는 미리 준비하지 않은 자에게 찾아오며,
사람들은 이를 불운이라 부른다.

로알 아문센

개미와 베짱이 이야기를 모르는 사람은 없을 것입니다.

여름 내내 놀았던 베짱이는 겨울이 되자 먹을 식량이 없어 곤란을 겪습니다. 반면 여름 내내 열심히 일했던 개미는 겨울을 따뜻하게 지낼 수 있었습니다. 준비된 자만이 달콤한 열매를 얻을 수 있습니다.

경영사상가로 세계적으로 알려진 말콤 글래드웰은 그의 저서 〈아웃라이어Outliers〉에서 '1만 시간의 법칙'을 강조했습니다.

어떤 분야에서 숙달되기 위해선 절대적으로 필요한 시간, 즉 하루 3시간씩 10년을 투자해야 한다는 것입니다.

그의 말이 일리가 있는 게 한 분야에서 최고의 위치에 있는 사람 치고 그만큼의 시간을 투자하지 않는 사람은 없습니다.

축구선수 박지성도 그랬고, 빌 게이츠도 그랬고, 김연아도 그랬습니다.

우연한 기회는 진짜로 내 것이 아닙니다. 오랜 준비 끝에 이루어내는 성과가 진짜로 내 것입니다. 준비하는 과정이 고되고 지루할 것입니다. 그런 만큼 성과의 기쁨은 더욱 커질 것입니다. 준비하고 이루십시오.

상상극복

고통을 피하는 방법의 하나가
바로 '상상'이다.
상상은 단지 망상이나 잡념이 아니라
더 나은 미래를 갈망하는 간절함이다.
만일 지금 상황이 어렵고 힘들다면
후회와 한탄을 하기보다 즐거운 상상을 한 번 해보라.

김이율, 〈가슴이 시키는 일〉 중에서

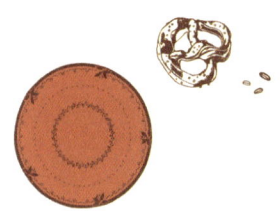

남아프리카 공화국의 만델라는 민주화와 인권 운동 때문에 인생의 3분의 1을 감옥에서 지냈습니다.
열악한 환경 속에서도 꿋꿋하게 버틸 수 있었던 건 그의 눈과 귀와 심장이 감옥 안에 있었던 게 아니라 감옥 너머에 있었기 때문입니다.
"오늘은 저 구름 위에서 잠시 낮잠 좀 자볼까?"
"내일은 우리 동지들을 만나 얘기를 좀 해야겠군."
"고향에서 함께 자랐던 친구들과 오랜만에 술을 해야겠군."
고통을 느끼기에도 벅찬 하루인데 마음과 생각과 상상마저 고통의 늪에 빠뜨리고 싶지 않았습니다. 고통 앞에 내적인 것들마저 굴복을 당했다면 아마도 그는 영영 그곳에서 나오지 못했을 것입니다.
현실을 이겨낼 수 있는 유일한 통로는 희망입니다.
그 희망은 바로 상상에서 나오는 것입니다. 잘 될 거라는 상상, 행복할 거라는 상상, 아름다웠던 날들의 상상. 그 상상의 힘이 결국 자신이 바라는 현실이 되는 겁니다. 아무리 강력한 세력이 나를 억압한다 해도 상상만큼은 억압할 수 없습니다. 절망 안에 갇혀 있되 나는 절망 밖에 있습니다.

사람 냄새

다른 사람에게 사랑이 없다고 말하지 말라.
다른 사람에게 사랑이 없는 것이 아니라
나에게 사랑이 없기 때문에
다른 사람에게서 사랑이 없는 것처럼
느끼는 것이다.
나에게 사랑이 있으면
세상이 사랑으로 넘치는 것을 볼 수 있을 것이다.

우치무라 간조

꽃에만 향기가 있는 게 아닙니다.
사람에게도 아름다운 향기가 있습니다.
어떤 사람에게선 향긋한 배려의 향기가 나고
어떤 사람에게선 아름다운 너그러움의 향기가 나고
어떤 사람에게선 넉넉한 아량의 향기가 나기도 합니다.
그런데 모든 사람이 다 향기만 뿜는 게 아닙니다.
어떤 사람에게선 욕망에 물든 독한 냄새가 나고
어떤 사람에게선 이기적이고 속 좁은 역한 냄새가 나기도 합니다.

지금 당신은 어떤 냄새를 풍기고 있습니까?
길이 만들어지면 사람들이 지나가듯이 좋은 향기를 풍기는 사람 곁에는 늘 좋은 사람들이 모이기 마련입니다.
그냥 서 있기만 해도 주위 사람들이 행복해하고 그 향기로 인해 세상이 더 아름다워집니다.

그렇게 살기

분명 괜찮아질 것이다.
그런 기분이 든다.
무너질 것 같은 순간은 앞으로도 여러 번 겪을 것이다.
그럴 때마다 주위 사람들이나
사물로부터 용기를 얻으면 된다.
모두 그렇게 힘을 내고 살아간다.

오쿠다 히데오, 〈공중그네〉 중에서

인생과의 싸움에서, 혹은 사회와의 싸움에서, 혹은 자기 자신과의 싸움에서 이길 때도 있고 질 때도 있습니다.
승부가 중요하기도 하지만 더 중요한 건 이기든 지든 나는 여전히 존재한다는 것입니다.
이기면 기뻐 날뛰기도 하겠고 지면 하염없이 울며 아픔이 쌓여가겠죠. 그래도 시간은 흐르고 나는 나이를 먹고 꽃은 피고 바람은 불 것입니다.
다들 그렇게 살아갑니다. 아프면 아픈 대로 살고 운이 좋으면 입가에 미소가 번지고 사랑을 하게 되면 설레고 또 별다른 것 없는 일상이 시작되면 그 일상의 그림이 되고.

다행인 건 우리는 여전히 존재한다는 것,
우리는 파도를 건너, 사막을 건너 지금 이 자리에 서 있다는 것,
아직은 숨을 쉰다는 것, 그냥 그게 인생이라는 것. 그렇게 오늘도 힘을 내며 살면 됩니다.

신비감

아무리 사랑하는 사이라도
미처 파악하지 못하는 부분이 있게 마련이다.
그리고 바로 그런 신비한 부분이야말로
사랑을 지속시키는 힘의 일부이기도 하다.

기욤 뮈소, 〈당신 거기 있어줄래요〉 중에서

원래 사람은 익숙하지 않은 것에 대해 두려움을 갖기도 하지만 반면 신비감을 갖기도 합니다. 낯설기에, 처음이기에, 모르기에 자연스럽게 궁금증도 생기고 신비감도 형성됩니다.
그러나 샅샅이 모든 걸 알게 되면 신비감은 무서운 속도로 사라집니다. 신비감이 사라졌다는 건 편안해졌다는 것이기도 하지만 더는 매력적이지 않다는 것이기도 합니다.

내가 누군가에게 그다지 매력적이지 않다는 것만큼 가슴 아픈 일은 없습니다. 사람은 죽는 그 순간까지 사람들에게 매력적인 존재고 싶은 욕심이 있습니다. 그렇기에 전략이 필요합니다. 모든 것을 다 보여줘서는 안 됩니다. 최소한의 것은 감출 줄 알아야 합니다.
상대가 끊임없이 나에 대해 알고 싶게 만들어야 합니다. 자신이 특별한 존재라는 인식을 심어줘야 합니다. 그래야 사랑도 만남도 관계도 지루하지 않고 오래갈 수 있습니다.

포기의 습관

누구나 좌절할 때가 있다.
그때마다 사람들은 자신의 능력을 의심하고
꿈을 포기하기 위해 이런저런 이유를 만든다.
하지만 모두 변명일 뿐.
사람들이 포기하는 이유는
그것이 편하기 때문이다.

  호아킴 데 포사다, 〈바보 빅터〉 중에서

지금 포기하고 싶습니까?

포기하고 싶다면 그 포기의 시작과 끝을 생각해보십시오.

그 포기의 시작은 과거 어느 시점부터 시작됩니다.

당신이 예전에 했던 포기가 오늘의 포기를 부른 것입니다. 또한 그 포기의 끝은 내일로 향합니다. 오늘의 포기가 미래의 포기를 만듭니다.

한 번 포기하면 두 번째 포기는 더 쉬워지고 세 번째 포기는 당연한 것처럼 여깁니다. 이처럼 포기도 습관이 됩니다.

우리가 정작 포기해야 할 것은 바로 '포기'입니다. 포기를 포기해야 인생의 발전이 있습니다.

사람이 사람답기

양심은 당신에게 요구만 하는 것이 아니라
당신의 능력, 지능, 공헌도를 높여줄 것이다.
주어진 양심을 지혜롭게 사용할 때
재능은 두 배가 된다.

스티븐 코비

이 세상 사람들을 다 속인다 해도
단 한 사람, 속일 수 없는 사람이 있습니다.
바로 자기 자신입니다.
우리는 그것을 '양심'이라고 말합니다.
양심을 지키고 산다는 것,
그건 어쩌면 어려운 일인지도 모릅니다.
자신의 의지든 아니든
때론 거짓으로 남을 속이기도 하고
공공의 질서를 파괴하기도 합니다.
그러나 중요한 건 실수 이후의 행동입니다.
잘못을 깨닫고 반성한 후에 두 번 다시는
같은 실수를 저지르지 않을 거라는 다짐이 선다면
그나마 다행입니다.
양심을 지킨다는 것,
그건 사람이 갖고 태어난 본연의 마음을
훼손하지 않고 사는 것입니다.
떳떳하고 정당하고 바르게 살아야 합니다.
내가 바로 서고 바른길로 가야 다른 사람도 나를 따를 것이고
세상도 더 아름다워질 것입니다.
사람은 사람답게 살아야 합니다.

3장
마음한테 지지 않기를

색의 혼합

삶을 하나의 무늬로 바라보라.
행복과 고통은 다른 세세한 사건들과 섞여들어
정교한 무늬를 이루고
시련도 그 무늬를 더해주는 재료가 된다.
그리하여 최후가 다가왔을 때
우리는 그 무늬의 완성을 기뻐하게 되는 것이다.

영화 〈아메리칸 퀼트〉 중에서

무지개가 아름다운 이유는
빨주노초파남보 여러 가지 색이 조화를 이뤘기 때문입니다.
만약 무지개가 단색으로만 이루어졌다면
그다지 아름답거나 신비해 보이지 않았을 것입니다.
삶 역시 그렇습니다.
기쁘고 즐겁고 행복한 일로만 가득 차 있다면
그건 삶이 아니라 그림이나 풍경에 지나지 않습니다.
기쁨이 있으면 슬픔이 있고 행복이 있으면 불행이 있고
때론 좌절과 아픔이 계속되는 날도 있습니다.
이처럼 다양한 경험과 일상이
뒤엉켜 오묘한 빛을 내는 게 바로 인생입니다.

먼 훗날, 자신이 살아온 인생을 되돌아보면
한숨을 내쉬며 눈물을 흘릴지 모르지만
그것 역시 내가 만들어낸 삶이었고
인생에 준 선물임을 깨닫게 될 것입니다.
조금 떨어져서 바라보면
그 삶도 꽤 아름다웠음을 알게 될 것입니다.

분노 버리기

절대로 분노와 화를 품은 채
잠자리에 들지 마라.
잠들기 전 5분이라도
기도와 명상을 하면 좋다.
기쁘게 자고 기쁘게 일어나는 것만으로도
인생은 달라질 수 있다.

아네스 안, 〈프린세스 마법의 주문〉 중에서

머리맡에 꼭 분노 인형을 두세요.
당신 혼자서 도저히 감당할 수 없는 분노가 있거들랑
그 인형에게 맘껏 퍼부으세요.
당신이 편안하게 잠드는 동안
그 인형이 당신이 맡긴 분노를
아작아작 열심히 씹어 말끔하게 소화를 시킬 것입니다.

분노는 혈압을 높게 하고 스트레스를 쌓이게 하고
사람의 마음까지 병들게 합니다.
세상을 살다 보면 기분 상하는 일이
어디 한두 가지이겠습니까?
불같은 분노를 뿜어내고 싶을 때도 있고
맘에 들지 않는 사람의 멱살을 잡고 싶을 때도 있을 겁니다.
그러나 분노는 더 큰 분노를 일으킬 뿐
문제를 해결하는 방법으론 옳지 않았습니다.
그럴 때일수록 냉정하고 논리적으로
혹은 아량과 너그러움으로 대처해야 합니다.
분노의 칼은 상대를 향하는 듯하나
결국 나에게도 상처를 입힌다는 걸 알아야 합니다.

마음 이기기

한동안 나는 어떤 자리에서건 무슨 일이건,
남에게 진다는 것은 있을 수 없는 일이라 여겼네.
자존심이 상하는 것도 있었지만
어쨌든 다른 사람을 이기고 많이 가져야
사람들이 나를 똑똑한 사람이라 여길 줄 알았네.
하지만 그것이 얼마나 어리석은 생각이었는지
나는 깨닫게 되었네.
그것은 나에게 있어 승리가 아니라 패배였다는 것을.

벤자민 프랭클린

갖고 싶은 게 있지만 그것을 살 돈이 없으면 참으로 답답합니다. 왜 내겐 능력이 없는 걸까 하고 자책감이 들기도 합니다.

돈으로 인한 갈등도 심심치 않게 발생합니다.

이처럼 물질적인 부족이 때론 행복을 방해하는데 한몫을 합니다. 그러나 물질의 부족은 불행이라기보다도 불편에 가깝습니다. 물론 많이 갖는다면 좋겠지요. 덜 불편하겠지요.

그러나 부족한 대로 산다면 또 살아지기도 합니다. 가진 것 없이도 행복하게 사는 사람은 주위에서 많이 볼 수 있습니다.

행복과 불행을 결정짓는 건 물질이 아니라 마음입니다.

아무리 물질적인 풍요 속에서 산다 해도 마음의 결핍이 생기면 행복한 생활은 보장받을 수 없습니다. 그런데 사실 마음의 결핍이라는 것은 스스로 불러오는 경우가 많습니다. 시기하고 질투하고 비교하고 조급해하고 쓸데없는 일로 고민하고 초조해하고 세상을 고운 시선이 아니라 부정적이고 비딱하게 보는 것, 그런 마음을 가지면 오려던 행복도 놀라서 도망가고 맙니다.

물질은 그 정도면 충분합니다. 물질을 채울 시간에 마음의 결핍을 채우십시오. 마음을 비우고 내려놓으십시오. 마음이 곧 행복입니다.

웃음으로 시작

우리 몸에는 완벽한 약국이 있다.
우리는 어떤 병도 치유할 수 있는
강력한 약을 가지고 있다.
그것은 웃음이다.

노먼커즌스

마음이 아플 때마다
한 뼘씩 자라더니
어느새 키다리가 되었습니다.
언제까지 자라야 하는가.
그래, 이대로 살면 어떻습니까.
아프면 아픈 대로
힘들면 힘든 대로
눈물 나면 울고 답답하면 가슴치고
외로우면 외로운 대로 그렇게 사는 겁니다.
키가 구름 궁둥이까지 닿으면 어떻습니까.
아프고 넘어지고 고민하는 것, 인생이죠.
그 와중에 잠깐 웃으면 그걸로 됐지요.
웃자고요. 웃어야 또 내일을 살아갈 수 있으니까요.

과거와의 결별

'버릴 수 있는 양'이
그 사람의 '변할 수 있는 양'을 결정한다 해도 과언이 아니다.
누구나 살아가면서 어떤 식으로든 변해야만 한다.
아무리 학생 신분을 유지하고 싶어도 졸업하면
학교 문을 나서야 하며,
퇴직하면 직장에서 나와야 한다.
하지만 유감스럽게도
"나는 이런 사람이다."라는 집착이 강한 나머지
변화를 거부하고 과거를 버리지 못하는 사람이 적지 않다.

야스다 요시오, 〈만 원짜리는 줍지 마라〉 중에서

우리의 곳간은 한정되어 있습니다.
아주 많은 것을 쌓아둘 순 없습니다.
마음속 낡은 것들(과거, 고민)은
하루라도 빨리 버려야 합니다.
쓰레기만 분리수거하지 말고
쓸데없는 마음도 분리수거하세요.
과거는 그저 가끔 삶이 팍팍할 때
꺼내먹는 추억거리로 충분합니다.
버리는 게 곧 얻는 것입니다.

인생 희망

정녕 마지막인 것만
같은 순간에 새로운 희망이 움튼다.
삶이란 그런 것이다.
태양이 어김없이 솟아오르듯,
참고 견디면 반드시 보상이 있게 마련이다.

앤드류 매튜스

"인생은 멀리서 보면 희극이지만 가까이에서 보면 비극이다."
찰리 채플린이 남긴 말입니다.

그가 왜 이런 말을 남겼는지는 그의 삶을 들여다보면 알 수 있습니다.

그는 어려운 환경에서 자랐습니다. 부모의 이혼, 아버지의 죽음, 그리고 어머니는 정신질환까지 겪고 있었습니다. 집안은 가난했고 빈민구호소와 길거리가 그의 집이나 다름없었습니다.

사랑과 보호를 받아야 할 나이에 그는 인생의 쓴맛을 봐야 했습니다. 그렇다고 세상을 비딱하게 보지 않았습니다. 오히려 절망뿐인 세상을 즐겁고 신 나는 미래로 바꾸고자 했습니다.

그는 최고의 배우이자 영화감독이 되겠다는 다소 맹랑한 꿈을 꾸기 시작했고 놀랍게도 그의 허황한 꿈은 실현되었습니다.

그는 세계적으로 알려진 유명인사가 되었을 뿐만 아니라 부와 명예까지 거머쥐었습니다. 비극이 희극으로 바뀌는 순간이었습니다.

지금 당신은 인생이라는 한 편의 영화를 찍고 있습니다.
지금 당신의 영화는 비극입니까? 아니면 희극입니까?
비극일지라도 슬퍼하지 마십시오. 그 비극은 영원하지 않습니다. 비극으로 시작해서 비극으로 끝나는 영화는 절대로 흥행할 수 없습니다. 그런 시나리오는 존재하지도 않고 그걸 영화로 만들겠다는 감독도 없습니다.
분명 그 비극은 희극으로 바뀌게 될 것입니다.
믿으십시오. 그리고 스스로 만드십시오.
비극 속에서 희극을 꿈꾸며 고군분투하는 게 인생이 아닐까요?
당신이라면 충분히 해낼 수 있습니다. 당신의 인생영화 감독은 바로 당신입니다. 당신의 의지에 따라 영화의 후반부는 달라질 수 있습니다.

하 루 인 생

인생은 결과의 연속.
때로는 그 결과가
당신이 원하는 것일 때가 있겠지요.
하지만 그것은 멋진 일입니다.
당신이 잘할 일을 살펴보십시오.
때로는 그 결과가
당신이 원하지 않는 것일 경우도 있습니다.
하지만 이 여기 멋진 일입니다.
그때는 당신이 한 일을 살펴보십시오.
다시는 그것을 반복하지 않도록.

사이몬 카루서드

삶이 순간순간 고통일 때가 있습니다.
병으로 인한 통증 때문에 고통스러워하는 이도 있고
감당할 수 없는 일로 인해 안절부절못하는 상황에 빠진 이도 있고 사람들과의 관계 속에서 받은 스트레스로 두통을 호소하는 이도 있을 것입니다.
고통을 체감하는 수치가 사람마다 달라 어떤 이는 대수롭지 않게 받아들여 잘 극복하기도 하지만 어떤 사람은 심각한 우울증에 빠지기도 합니다. 고통을 벗어나는 방법은 오직 죽음밖에 없다는 위험한 생각을 하기도 합니다.
물론 죽으면 모든 것이 다 끝납니다. 그러나 자신에게는 끝일지 모르겠지만 남겨진 사람들에겐 또 다른 고통의 시작입니다.

이 세상에 영원한 건 없습니다.
고통 역시 마찬가지입니다. 멈출 날이 분명히 옵니다. 멈추지 않는다 해도 적어도 그 고통의 강도가 낮아지기라도 할 것입니다. 그러니 지금 이 순간만 버티십시오. 지금 이 순간만 흘려보내십시오. 지금 이 순간만 화해하십시오.
삶이 순간순간 고통일지라도 살아 존재한다는 건 분명 축복이며 기적이라는 사실을 잊지 말아야 합니다.

버릴 줄 아는 용기

이걸 얻으러 하면 저걸 얻을 수 없다.
인생이란 뭔가를 선택하는 대신
다른 뭔가를 버리는 일의 반복이다.

히가시노 게이고, 〈편지〉 중에서

튤립 꽃에 관한 유래가 있습니다.
아름다운 여인이 있었습니다. 여인의 미모에 뭇 남성들의 마음이 흔들렸습니다. 이윽고 용기 있는 세 명의 남자가 여인에게 청혼했습니다. 한 명은 이웃 나라 왕자였고 또 한 명은 용맹한 기사, 그리고 또 한 명은 부유한 장사꾼이었습니다.
여인은 누구를 선택해야 할지 고민스러웠습니다. 세 명 다 놓치기 아까운 남자였습니다. 고민은 몇 날 며칠 계속 되었고 급기야 한 달을 넘어 두 달로 이어졌습니다. 그 고민의 결론은 나지 않았습니다. 결국, 기다림에 지친 세 명의 남자는 여인을 떠났습니다.
세 명의 남자가 떠난 사실을 안 여인은 그제야 땅을 치고 후회했습니다. 후회는 곧 병이 되었고, 불운하게도 여인은 시름시름 앓다가 죽고 말았습니다.
훗날, 여인의 무덤에서 꽃 한 송이가 피었는데 그게 바로 튤립이었습니다.

이 여인이 왜 비극적인 결말을 맞이했을까요?
바로 포기하는 용기가 없었기 때문입니다. 하나를 얻으면 다른 것들은 놓을 줄 알아야 하는데 모두 다 탐을 냈던 것입니다.

실존주의 철학가 장 폴 사르트르는 인생이란 탄생Birth과 죽음 Death 사이의 선택Choice이라 말한 바 있습니다.
인생을 살다 보면 선택해야 할 순간이 옵니다. 현명한 선택이란 하나를 위해 다른 것을 놓아줄 수 있는 마음입니다. 포기하고 내려놓는 것이 곧 얻은 것임을 잊지 말아야 합니다.

아버지의 미소

나는 성장하는 과정에서
좋은 스승과 좋은 벗을 많이 만나
큰 도움을 받았다.
그러나 무엇보다도
아버지로 부터 받은 사랑과 교훈,
그리고 모범이
가장 훌륭한 교훈이었다.

　발포아

늪에 빠진 A가 있습니다.
A의 어깨 위에 B가 서 있습니다.
B는 A의 어깨를 밟으며 늪을 벗어나려 애를 씁니다.
가까스로 B는 늪을 빠져나갔습니다.
B는 살았다는 안도감에 잠시 긴장이 풀려 풀밭에 드러눕습니다.
순간, 늪 속에 있는 A가 생각납니다.
B는 A를 향해 손을 길게 뻗어 내밉니다.
그러나 때는 늦었습니다.
이미 A는 늪 아래로 가라앉은 상태였습니다.
여기서 A가 누구이고 B는 누구인지 아십니까?
A는 바로 이 시대를 사는 우리들의 아버지이고
B는 우리 자신입니다.

비가 오려는지 구름이 잔뜩 끼었습니다.
문득, 아버지의 미소가 그립습니다.

상처 껴안기

언젠가 한번은
모든 것들과 화해해야 합니다.
자신의 상처와 화해하지 않고서는
그 상처에 남겨진 흉터를 지울 수 없습니다.
인간의 과제는 '자신의 상처를 진주로 바꾸는 것.'

안젤름 그륀, 〈머물지 말고 흘러라〉 중에서

자신의 외모에서 벗어나야 합니다.
자신의 아픔에서 벗어나야 합니다.
자신의 과거에서 벗어나야 합니다.
벗어나는 방법은 단지 피하거나 거부하는 게 아닙니다.
그것은 잠시 벗어날 수 있을 뿐이지
완전히 벗어나는 방법이 아닙니다.
완전히 벗어나는 방법은
있는 그대로 받아들이는 겁니다.

나는 못났고, 나는 상처 받았고, 나의 과거는 우울했다.
인정하고 싶지 않지만 그건 엄연한 사실입니다.
놀라운 건 인정하고 받아들이는 순간,
나를 괴롭혔던 그 마음들이 이제는 내 편이 되어주고
내게 자유를 준다는 것입니다.
인정과 받아들임은 끝이 아니라 새로운 시작의 알림입니다.
나를 뛰어넘고 아픔을 잊게 하고
과거를 자를 수 있는 계기를 얻게 된다는 얘기입니다.
거부하지 말고 도망가지 말고 껴안으십시오.
그러면 그 몹쓸 것들이
오히려 내게 큰 힘이 된다는 걸 경험하게 될 것입니다.

인간 성숙

.

사색을 통해
언제나 깨어 있는 사람은 죽지 않는다.
그러나 경박하고 믿음이 없는 사람은
살아 있어도
이미 죽은 것이나 다름없다.

래프 톨스토이

말이 많은 사람치고 약속을 잘 지키는 사람 없고
행동만 앞서는 사람치고 진중한 사람 없습니다.
인간을 성숙시키고 발전시키고
사물에 대한 색다른 시선과
현상에 대한 깨달음을 얻게 하는 건
수다와 가벼운 행동이 아닌
침묵과 사색입니다.
침묵은 고독과 고요와 친구입니다.
마음이 다른 마음으로 전해지는 과정 속에서
나 자신을 제대로 알게 되고
상대에 대한 이해의 폭이 넓어집니다.
사색 또한 마찬가지입니다.
모든 말과 행동은 사색으로부터 시작됩니다.
사색 없는 말과 행동은
진실성이 없는 공수표에 지나지 않습니다.

침묵과 사색이 다소 심심하고 잔잔하고
고루할지 모르지만, 미동조차 없는 그 물결이
사람을 움직이고 인생을 숙성시키는 힘을 가지고 있습니다.

알다가도 모름

사람은 겉모습만 보고
함부로 판단해서는 안 된다.
우락부락한 모습 뒤에는
부드러움을 갈망하는 욕망이 도사리고 있고
억눌리고 절제된 모습 뒤에는
억제할 수 없는 본능이 꿈틀거리고 있다는
사실을 잊어서는 안 된다.

로버트 그린, 〈유혹의 기술〉 중에서

사람의 마음을 읽기란 쉽지 않습니다.

나도 내 마음을 모르는데 어찌 남의 마음을 읽을 수 있겠습니까? 엑스레이를 들이민다 해도 뼈만 나올 뿐 마음까지는 찍지 못합니다.

"열 길 물속은 알아도 한 길 사람의 속은 모른다."라는 속담이 괜히 나온 게 아닙니다.

사람의 마음을 읽기가 더더욱 어려운 이유는 겉과 속이 다른 경우가 종종 있기 때문입니다.

얼굴은 환하게 미소 지으면서 등 뒤에는 칼을 숨기고 있는 사람이 있습니다. 물론 반대의 경우도 있습니다. 겉은 험상궂게 생겼는데 함께 지내다 보니 참으로 마음 따뜻한 사람이라는 걸 느끼는 경우도 있습니다.

그렇다고 사람의 마음을 읽는 게 영영 불가능한 건 아닙니다. 뜻밖에 쉽게 풀릴 수도 있습니다. 바로 이 방법을 사용하면 말입니다.

가면을 벗어던지는 겁니다. 물론 나부터.

나 스스로 숨김없이 상대에게 다가가면 상대도 마음의 문을 열기 마련입니다. 내 비밀스러운 일을 한둘 공개하면 상대 역시 자신의 비밀을 밝히기 마련입니다. 서로 진심과 신뢰가 쌓여가는 순간입니다.

그가 무슨 생각을 하고, 그가 느끼는 감정이 무엇인지, 사람을 읽고 마음을 구하는 것, 그건 바로 진심에 의해 가능합니다.

진심이 통하면 모든 것이 다 통하는 것입니다.

두려움 없이 시작

아는 것만으로는 충분하지 않다.
이를 적용해야 한다.
의지만으로는 충분하지 않다.
이를 실천에 옮겨야 한다.

괴테

세계적인 유명 디자이너가 패션쇼를 마친 후,
기자들과 간담회를 열었습니다.
어떤 기자가 유명 디자이너에게 이렇게 물었습니다.
"선생님의 의상들을 보면 하나같이 창의성이 돋보입니다.
그 창의성은 어디서 나오는 겁니까?"
그러자 디자이너는 웃으며 말했습니다.
"창의력은 늙은 나보다 다섯 살 아이가 더 훌륭할 겁니다.
그럼에도 제가 이 자리에 설 수 있었던 건 그 창의력을
실행했다는 겁니다."

사람의 머리는 차이가 있는 듯하나 따지고 보면
다 거기서 거기입니다.
그런데 누구는 앞서 가고 누구는 뒤처집니다.
그 차이는 바로 누가 먼저 생각을 행동으로 옮기느냐입니다.
머뭇거릴 시간이 없습니다. 주저앉을 이유가 없습니다.
두려움 없이 시작하십시오. 지금 당장 행동으로 보여주세요.
시작이 답이고 실행이 결론입니다.

운명 만들기

당신의 생각을 자세히 관찰하라.
그러면 그것은 말로 변할 것이다.
당신의 말을 자세히 관찰하라.
그러면 그것은 행동으로 변할 것이다.
당신의 행동을 자세히 관찰하라.
그러면 그것은 습관으로 변할 것이다.
당신의 습관을 자세히 관찰하라.
그러면 그것은 당신의 개성으로 변할 것이다.
당신의 개성을 자세히 관찰하라.
그러면 그것은 당신의 운명으로 변할 것이다.

〈메트로폴리탄 밀워키 YMCA〉 중에서

훗날, 당신은 당신이 이룬 거대한 운명 내지는 인생 앞에 섰을 때 이런 생각을 할지도 모르겠습니다.
"도대체 나를 여기까지 이끈 게 무엇이지? 내 운명과 인생은 무엇으로 이루어졌지?"
스스로 묻는 말에 답을 하기 위해 당신은 지난날 겪었던 굵직굵직한 사건들을 위주로 그때의 일을 떠올릴 것입니다. 큰 사건들이 결국 지금의 나를 만들었다고 생각할 것입니다.
그러나 엄밀히 따지면 당신을 지금 여기에 있게 하고 당신의 운명과 인생을 만든 건 특별하고 큰 사건이 아닌 그저 그런 일상의 작은 생각과 사소한 행동입니다.
그 작은 것들이 쌓이고 쌓여 습관을 만들고 그 습관이 또 쌓이고 쌓여 성격을 만들고 그 성격대로 살다 보니 거대한 운명이나 인생을 만들어낸 것입니다.
작은 물방울들이 모여 바다를 이루고 작은 씨앗 하나가 퍼져 큰 숲을 이루듯 작고 사소한 것들이 모여 인생의 큰 줄기를 이뤄낸 것입니다.

이 세상에 하찮은 일은 없습니다. 이 세상에 의미 없는 일은 없습니다.

그렇기에 우리는 생활 속에서 자신의 말투며 행동이며 생각에 더 신경을 써야 합니다.

비난과 불평, 거짓말들이 사소하다 하여 자꾸 하다 보면 언젠가는 그것들이 인생을 무너뜨리는 악재로 되돌아올 수 있음을 명심해야 합니다.

멀리 가고 큰 걸 이루고 싶다면 눈앞에 보이는 것들과 작고 사소한 것들부터 챙기고 실천하십시오. 그러면 당신은 먼 훗날, 웃으며 지난날을 바라보는 인생의 달인이 되어 있을 겁니다.

경지 도달

내가 완전한 속도를 달성하는 순간
천국에 닿기 시작할 거야.
조나단, 그리고 완전한 속도란
시속 1천 마일이나 시속 1백만 마일로 나는 것이 아니고
빛의 속도로 나는 것도 아니야.
왜냐하면 숫자란 어떤 것이든 한정된 것이지만
완전에는 한계가 없기 때문이지.
완전한 속도란 얘야, 거기 그냥 존재하는 것이란다.

리처드 바크, 〈갈매기의 꿈〉 중에서

어쩌면 인생에서 순위는 그다지 중요하지 않은지도 모릅니다.
내가 세워둔 목표에서 조금 덜 미친다 싶으면 더 노력하면 되고,
목표에 도달하면 행복해하며 자신을 격려하면 됩니다.
세상이 요구하는 잣대, 주위 사람들의 시선, 사회적인 분위기 등등 다른 것들이 내 삶의 기준이 될 순 없습니다. 다른 것들의 눈치를 보고 좌지우지된다면 내 삶이 마구 흔들리고 길을 잃게 됩니다.

삶의 기준은 내가 세웁니다.
꿈의 목표는 내가 계획합니다.
행복의 순위는 내가 정합니다.

내 기준, 내 목표, 내 순위에 합당하면 그걸로 됐습니다.
남들 눈에는 부족하고 초라하게 보일지 모르지만 내 삶에 내가 만족하면 그걸로 된 것입니다. 내가 정한 길 위에서 휘파람을 불며 걷는 삶, 그게 어쩌면 완전한 삶인지 모릅니다. 그러한 것들이 순위나 속도보다 더 상위의 개념입니다.

최선의 시대

인생은 일방통행으로 이어진 길이다.
뒤로 가거나 옆으로 가는 길은 없다.
일단 이 사실을 있는 그대로 깨닫고 받아들여라.
그렇게 하면 인생은 생각보다 간단해진다.
내가 지금 가지고 있는 것,
내가 지금 처해 있는 상황,
그리고 내가 지금까지 이뤄낸 것을 가지고
인생이라는 무대에서 최선을 다하는 수밖에 없지 않은가.

데일 카네기

한 청년이 소크라테스에게 물었습니다.
"어떻게 하면 많은 지식을 얻을 수 있나요?"
소크라테스는 청년을 강으로 데리고 갔습니다. 그러더니 갑자기 강물에 밀어 버렸습니다. 강물에 빠진 청년은 허우적거리며 소리를 질렀습니다.
"살려주세요. 살려주세요."
소크라테스는 그저 지켜볼 뿐이었습니다. 청년은 발버둥을 치며 죽을 힘을 다해 강물 속에서 빠져나왔습니다.
"이제 깨달았느냐?"
청년은 가쁜 숨을 내쉬며 말했습니다.
"뭘요?"
"물에 빠졌던 그 순간, 너에게 가장 필요한 건 공기였다. 네가 간절히 공기를 원했던 만큼 지식도 간절하게 원해 보아라. 그럼 넌 분명 최고의 학자가 될 것이다. 무엇이든 얻고자 한다면 최선을 다해야 한다."

마음 안에 담고 있는 것

사람의 몸은 물입니다.
의식은 혼입니다.
물을 깨끗하게 흐르게 하는 것이
가장 좋은 건강법입니다.
그러기 위해서는
혼을 깨끗이 유지해야 합니다.
당신의 몸을 아름다운 물의 결정으로
가득 채워야 합니다.
모든 것은 당신의 마음에 달려 있습니다.

에모토 마사루,〈물은 답을 알고 있다〉중에서

유리잔이 있습니다.
그 잔에 와인을 담으면 와인잔이 되고
그 잔에 주스를 담으면 주스잔이 되고
그 잔에 물을 담으면 물잔이 됩니다.
마음도 마찬가지입니다.
그 마음에 무엇을 담느냐에 따라
마음의 모양이 바뀌고 부피가 달라집니다.

지금 당신의 마음엔 어떤 것이 담겨 있습니까?
마음에 귀를 가까이 가져가 보십시오.
무슨 소리가 들리시나요. 어떤 향기가 흘러나오나요.
행복의 소리, 사랑의 소리, 해맑은 웃음소리,
그리고 꽃과 햇살의 고운 향기가 담겨 있기 바랍니다.

같지만 다른 길

'대화'는 인간관계에서
가장 중요한 요소이고,
'논쟁'은 가장 파괴적인 요소이다.
어떤 문제를 놓고 논쟁하게 되면
대부분의 사람들은 5분도 채 안 되어
서로의 말꼬리를 잡고 늘어지게 된다.

존 그레이, 〈화성에서 온 남자, 금성에서 온 여자〉 중에서

남자와 여자가 만나 서로 사랑을 합니다.
그런데 그 사랑이 오래가지 못합니다.
어느새 남자와 여자 사이에 생각의 차이와 갈등의 요소가 끼어들기 때문입니다.
둘이서 잘 지내고자 한다면 이 두 가지를 명심해야 합니다.
첫째는 '받아들임'입니다.
상대의 생활방식과 특성을 받아들여야 합니다.
이제까지 늘 해왔던 습관이나 버릇을 하루아침에 바꿀 수는 없습니다. 바꿀 때까지 기다리거나 아니면 아예 처음부터 포기해야 합니다. 지적하거나 불평을 내뱉기보다 차라리 그냥 그대로의 모습을 인정하고 받아들이는 게 훨씬 합리적입니다. 괜히 그것을 바꾸려고 하다가는 갈등만 더 깊어지고 자칫 사랑까지도 균열이 생기게 됩니다.
둘째는 '말조심'입니다.
서로 감정이 좋지 않을 때는 독한 말이 오고 갑니다. 차마 해서는 안 될 말도 서슴지 않습니다. 그러나 결국 그건 서로에게 상처만 줄 뿐 관계를 유지하는 데 전혀 도움이 되지 않습니다.
남자와 여자가 함께 지내다 보면 분명 다투기 마련입니다.
아무리 잘 지내려고 해도 어쩔 수 없습니다. 우리가 할 수 있는 일이란 그저 싸움 횟수를 줄이는 일뿐입니다.
이해하고 말조심하고 첫 마음을 잊지 않는 것, 그게 화성에서 온 남자와 금성에서 온 여자가 함께 지낼 방법입니다.

4장
길은 어디에나 열려 있습니다

게으름의 덫

게으르면 머릿속에
악마가 깃들기 쉽다.
사람이 열성을 다하면
자연히 용감해지고
액운이 옆에 오지 못한다.
게으르면 벌레가 꾄다.

허버트

멈춰 있는 돌은 이끼가 끼고
손길이 닿지 않는 열쇠는 녹이 슬기 마련입니다.
누구에게나 주어지는 하루라는 시간,
그 시간을 얼마나 성실히, 그리고 최선을 다하느냐에 따라
성공과 부가 결정됩니다.
내일 일을 오늘 할 수 없다면
적어도 오늘 일은 오늘 끝내도록 해야 합니다.
해야 할 일이 자꾸 밀리고 쌓이게 되면
어느 순간에는 모든 것을 방치하게 되는 사태까지 일어납니다.
할 수 있을 때 하십시오.
게으름은 단지 일을 미루는 게 아니라
내 인생을 악마에게 내어주는 것과 같습니다.
악마에게 더는 빼앗기지 말고
이제까지 빼앗긴 것까지 찾아오십시오.
성실과 최선만이 인생을 빛나게 합니다.

늦지 않음

매일 내일의 행복을 위해 살다 보니
정작 행복한 오늘은 없었습니다.
'오늘 행복하면 내일도 행복하리라는 것을'
조금 더 일찍 알았더라면 아내와 아이들과
더 좋은 시간을 보낼 수 있었을 텐데.

카렌 와이어트, 〈일주일이 남았다면〉 중에서

지금 당신은 행복하십니까?
행복하다면 다행이지만
행복하지 않다면
당신의 삶을 점검할 필요가 있습니다.
온갖 문제에 봉착하여 괴롭다면
해결할 수 있을 만큼만 해결하고
도저히 감당할 수 없다면
혼자 고민하지 말고 주위의 도움을 청하십시오.
현재에 집중하라는 얘기입니다.
먼 미래를 위해 준비하고 투자하는 것도 중요하지만
그것으로 인해 지금의 내가 불행하고 괴롭고 아프다면
잠시 멈춰 정말로 내가 지금 잘하고 있는 것인지
다시 한 번 생각해보기 바랍니다.
우리가 왜 이런 고민을 하고 꿈을 향해 달려가고
돈을 벌기 위해 아등바등하는 겁니까?
모두 행복하자고 하는 겁니다.
지금에 집중하고 행복을 내 앞으로 불러오십시오.
허락된 만큼이라도 행복을 누리십시오.
지금 행복하지 않으면 영원히 행복할 수 없습니다.

서툰 이별

우리가 다시 만날 그 날까지
행복한 여정이 되기를.
어떤 길은 기쁘고
또 어떤 길은 우울하니
그것이 의미 있는 길을 가는 법이지.
이제 기쁜 길을 떠나길.

데일 에반스

이별의 아픔을 누군가는 이렇게 말했습니다.
"내 몸의 일부가 떨어져 나가는 것 같다."
그렇습니다. 이별은 분명 아픔이고 눈물입니다.
사는 동안 이별 없이 사는 것이 큰 축복이지만
어찌 그게 마음대로 되는 일입니까.
살다 보면 반드시 이별이 찾아옵니다.
그런데 그 이별이라는 것은 단련되지 않습니다.
매번 이별한다고 해서 이별이 덜 아픈 게 아니라는 얘기입니다.
이별할 때마다 아픕니다.
그래서 누군가는 이별이 두려워 만남을 밀어내기도 합니다.
연인과의 이별, 부모와의 이별, 친구와의 이별, 동료와의 이별.
우리는 이별을 하고 또 새로운 이별을 위해 만남을 만듭니다.
그렇게 우리는 삶과 이별 연습을 열심히 하고 있습니다.

버리기 연습

깨달은 자는 빛나지 않으려 하기 때문에 빛나고,
자신을 돌보지 않기 때문에 존경받으며,
자신을 위해 아무것도 원치 않기 때문에 성공을 거두고,
대항하지 않기 때문에 그 누구도 그에게 맞서지 않는다.

노자

누구나 한 번쯤은 인생의 클라이맥스를 맞이하게 됩니다. 노력 끝에 얻은 결과일 수도 있고 뜻밖의 행운을 통해 얻은 횡재일 수도 있습니다.

여하튼 그 과정이 어떻게 됐든 인생의 정점에 선다는 건 자부심을 느끼고 기쁨을 누릴 만한 일임에 틀림없습니다. 충분히 기뻐하며 행복에 젖어도 좋습니다.

그러나 경계해야 할 게 하나 있습니다.

바로 자신이 이룬 업적에 너무 깊게 젖어들면 안 된다는 겁니다. 인생이 그대로 멈춘다면 그 업적은 계속 현재로 남겠지만, 인생은 지금 이 순간에도 흘러가고 있습니다. 즉, 그 업적은 이미 과거의 일입니다. 과거의 영광에 젖어 지금의 나를 잃으면 안 됩니다. 과거는 과거로 남겨두고 현재를 살아야 합니다.

지난 것이라면 과감히 버리세요. 과거의 영광은 힘들 때 가끔 떠올리는 추억 정도로 충분합니다. 버리는 자에게만 새날을 맞이할 자격이 주어집니다.

이유가 있는 삶

우리가 만약 어떤 목표 없이
인생을 허송세월한다면
그 일생은 물론
단 하루도 인생의 존귀한 면을 모르고 말 것이다.
인생이란 무엇인가?
인생은 흘러가는 것이 아니고
성실로써 내용을 이루어 가는 것이다.
하루하루를 내가 가진 그 무엇으로
채워 가는 것이다.

존 러스킨

실존주의 철학의 선구자인 키르케고르는 일기에 이렇게 썼습니다.
"온 세계가 다 무너져도 이것은 놓을 수 없다고, 이것을 위해 살고 이것을 위해서 죽겠다고 하는 목표를 반드시 찾아야 한다."
이 문구를 읽는 내내 고개를 끄덕였습니다.
전적으로 맞는 말입니다. 우리는 늘 더 나은 삶을 꿈꿉니다. 그러나 더 나은 삶은 그냥 이루어지는 게 아닙니다. 뭔가를 꿈꾸고 갈망하고 계획하고 실천해야 이룰 수 있습니다. 즉 삶의 목표 내지 살아가야 하는 이유가 분명해야 한다는 겁니다.

삶의 목표와 이유는 우리 자신을 변하게 하고 발전시키고 성숙하게 합니다. 장애 앞에서 넘어지지 않고 다시 전진할 힘을 주고 하루하루를 성실하고 열정적으로 살게 동기를 부여합니다. 그렇다고 지나치게 목표에만 집착해서는 안 됩니다. 목표의 끝만이 중요한 게 아니라 그 과정 중간 역시 중요합니다.

그때의 순수

삶에서 가장 순수했던
어린아이 시절로 돌아가라.

나단 사와야

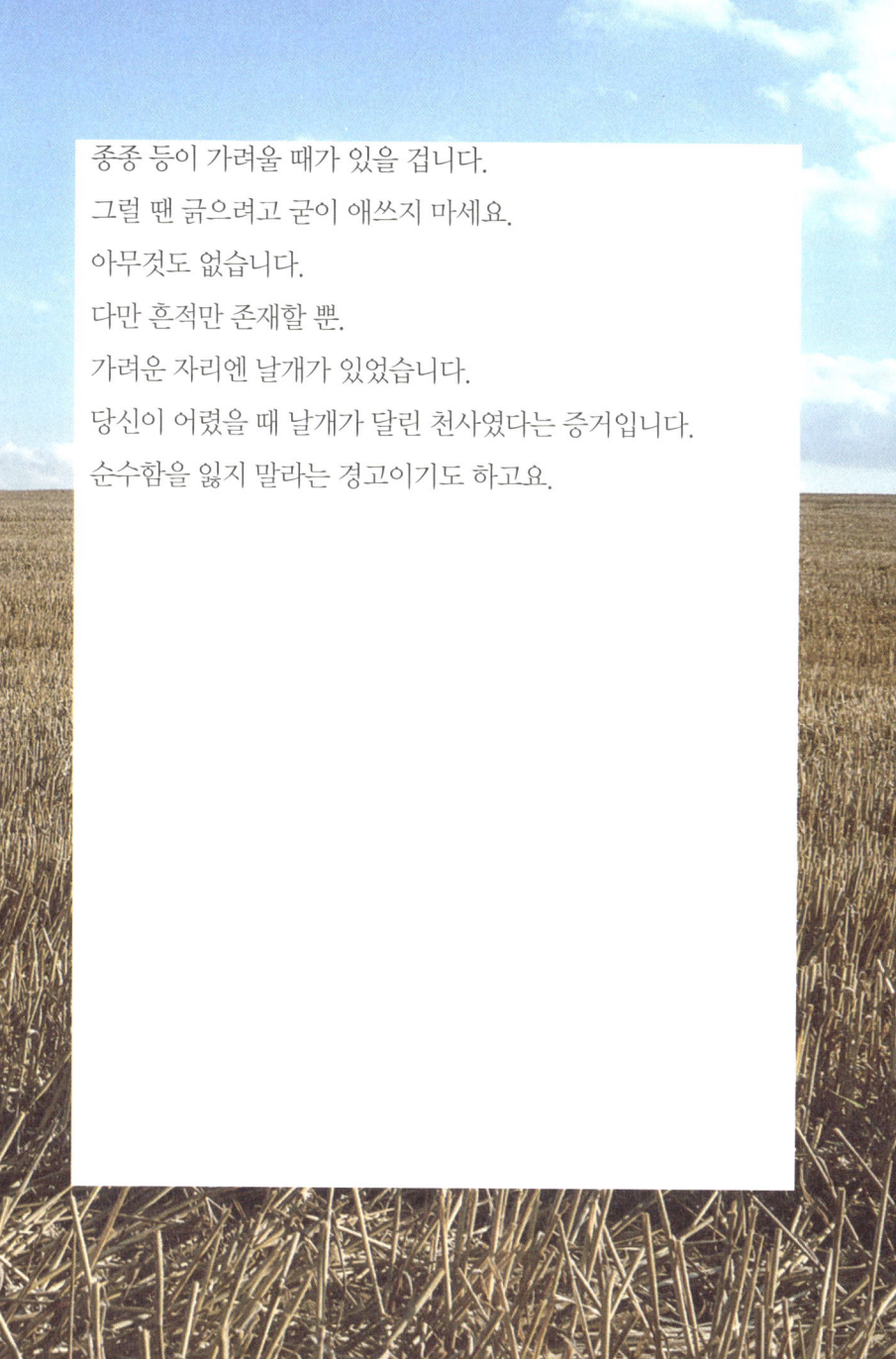

종종 등이 가려울 때가 있을 겁니다.
그럴 땐 긁으려고 굳이 애쓰지 마세요.
아무것도 없습니다.
다만 흔적만 존재할 뿐.
가려운 자리엔 날개가 있었습니다.
당신이 어렸을 때 날개가 달린 천사였다는 증거입니다.
순수함을 잃지 말라는 경고이기도 하고요.

말하는 대로

당신이 단지
말을 지혜롭게 선택하는 것만으로도,
이제 당신은
말이 지배하는 힘을
깨닫게 될 것이다.

앤소니 라빈스

무명 복서인 한 청년이 사람들에게 이렇게 말했습니다.
"난 세계 최고다!"
사람들은 건방지다고 손가락질했습니다.
그러나 청년은 멈추지 않고 계속 그 말을 내뱉었습니다.
훗날, 그 청년은 자기 말대로 세계 최고의 선수가 되었습니다.
그의 이름이 바로 무하마드 알리입니다.

말은 행동을 유발하는 묘한 힘이 있습니다.
말이 꿈이요, 꿈이 곧 현실입니다.
점쟁이들의 능력을 더욱 돋보이게 하는 요소는
앞날을 내다보는 뛰어난 예지력도 있지만
점을 보러온 사람들이
점쟁이의 말대로 따라 한다는 것입니다.
꿈이 담긴 말의 꼬리, 그것을 따라가다 보면
분명 저만치서 좋은 일이 기다리고 있다는 걸 알게 될 것입니다.

내가 나를 이기기

나는 내 현실이 어려울 때마다
석공이 망치로 바위를 백번 때려
금이 가게 하는 것을 구경한다.
그의 바위가 백한 번째 망치질 때문에
둘로 갈라졌다면
나는 그것이 마지막 한 번의 망치질 때문에
그렇게 되었다고는 생각하지 않는다.
왜냐하면 분명히 그것은
그의 모든 망치질 때문에 생긴 것이기 때문이다.

자콥 리스

인생 마라톤은
'타인과의 경쟁'인 동시에
'속도와의 경쟁'입니다.
그러나
그보다 더 중요한 경쟁이 있습니다.
상대는 바로 자기 자신입니다.
자신을 이기는 자가
자신을 넘는 자가
가장 위대한 사람입니다.

피하지 않기

삶에서 당신이 보물을 발견하려고 한다면
심연 속으로 깊숙이 내려가는 길밖에 없다.
가다가 넘어지면 그곳에 우리가 찾는 보물이 있다.
우리가 들어가기를 두려워하는
바로 그 동굴에서 원하는 것을 발견하게 될 것이다.

조셉 켐벨

축 늘어진 깃발은 죽은 깃발입니다.
파도 위를 펄떡거리는 물고기처럼
펄럭거려야 비로소 깃발이라 말할 수 있습니다.
사람도 그렇습니다.
축 처진 어깨는 죽은 거나 다름없습니다.
당당해야 하고 열정적이어야 합니다.
태풍이 분다고 등지고 줄행랑쳐선 안 됩니다.
맞서 전진하십시오.
처음엔 한 발자국 내딛기가 힘들겠지만
어느 순간부터는 태풍이 당신의 길을 열어주고
더 빨리 달릴 수 있게 밀어줄 것입니다.
시련을 극복하기 위해선
그 시련의 주변에서 얼쩡거리지 말고
차라리 시련의 한복판으로 뛰어드는 게 낫습니다.
당신을 넘어지게 하고 한숨짓게 한 그 시련이
오히려 당신을 지탱해줍니다.
시련은 뛰어넘을 허들에 불과합니다.

창조력의 힘

창조적인 예술가는
이전의 자기 작품에 대해
만족하지 못하므로
다음 작품을 만드는데
자신의 온 힘을 쏟지 않으면
좀이 쑤셔 못 배기는 사람이다.

디미트리 쇼스타코비치

"참 엉뚱한 놈이네."
이런 소릴 자주 듣는 사람은 장래가 참 밝습니다.
늘 새로운 일에 도전하는
사람임이 분명하니까요.
그러나
이런 소릴 들어본 적이 없다면
그 사람의 장래는 어둡습니다.
위대한 발명가나 기업가들은
하나같이
"엉뚱한 놈이네."라는 말을
수도 없이 들었습니다.
그렇기에 성공을 한 것입니다.
기억하십시오.
꿈꾸고 상상하고
도전하는 자에게만
미래가 주어진다는 사실을.

따뜻한 마음의 방

모든 인간은 남성이든 여성이든
말씨나 행동 속에 드러나는
각 인물을 판단하는 열쇠를 발견할 수 있는
최종단계에 이르기까지는 수수께끼가 된다.
그러나 그 열쇠가 발견만 되면
그 뒤의 예전 말씨나 행동이
우리들의 눈앞에 밝게 드러나는 것이다.

에머슨

코끼리에 밟힌 개미가 더 아플까요.
압정을 밟은 코끼리가 더 아플까요.
그건 알 수 없습니다.
개미가 되어보지 않는 한
그 누구도 개미의 아픔을 알 수 없고
코끼리가 되어보지 않는 한
그 누구도 코끼리의 아픔을 알 수 없습니다.

남의 아픔을 알기 위해선 남이 되어야 합니다.
남의 아픔을 위로하기 위해선
남의 마음을 먼저 읽어야 합니다.
이해라는 것은 위에서 내려다보는 게 아니라
너와 내가 동등한 위치에서 같은 마음이라는 것을
증명해 보이는 것입니다.
돈으로 그 아픔을 조금 덜어줄 순 있겠지만
그러나 아픔을 완치해줄 순 없습니다.
돈으로도 치유할 수 없는 아픔,
그러나 어루만져주는 따뜻한 손길과
이해의 마음으로는 많은 부분 치유할 수 있습니다.

성 공 하 는 방 법

우리는 성공자들의 비법을
응용하면 성공자가 된다.
우리는 누구나 쉽게 그 비법을 얻을 수 있다.
성공은 어느 특정한 사람에게만
주어지는 전유물이 아니다.
성공은 인종, 학벌, 외모를 차별하지 않는다.
누구나 이룰 권리가 있고,
또 그 권리는 누구에게나 주어져 있다.
다만 자신이 어떤 사고를 가지고
어떻게 실행하느냐에 달려 있는 것이다.

존 스탤링, 〈성공으로 이끄는 삶〉 중에서

성공을 꿈꾸는 사람이라면
타잔이 되어야 합니다.
타잔은 윗옷도 벗고 바지도 벗고
오직 팬티만 입고 다닙니다.
불필요한 군더더기는 버리라는 뜻입니다.

타잔 곁엔 언제나 치타가 있습니다.
세상 사람들이 다 외면해도
나를 믿어줄 든든한 동반자를 가지라는 뜻입니다.

타잔은 동물들과 친하게 지냅니다.
힘들고 어려울 때 도움을 청할 수 있게
늘 타인들과 좋은 관계를 유지하라는 뜻입니다.

타잔은 "아아아~" 목청도 크고 줄타기도 잘합니다.
자기가 가장 잘할 수 있는 일을
선택하고 그 일을 개발하라는 뜻입니다.
타잔처럼 살아가면 성공이 보입니다.

공존과 화해

샘물은 강물과 강물은 바다와 하나가 된다.
하늘의 바람은 영원히 달콤한 감정과 섞인다.
세상에 외톨이인 것은 하나도 없으며,
만물은 신성한 법칙에 따라
서로 다른 것과 어울리는데
어찌 나는 당신과 하나 되지 못하랴.

셸리

3세기, 헬라의 피루스 왕이 2만 5,000명의
군인과 20마리의 코끼리를 이끌고 로마를 침공했습니다.
피루스 왕은 승리를 얻었지만
전쟁 중에 코끼리도 다 죽고
군인들도 4분의 3이나 죽었습니다.
승리하였지만 너무나 큰 피해를 입은 것입니다.

인생을 살아가면서 '피루스의 승리'처럼
괜한 시간과 에너지를 낭비하지 마십시오.
소득 없는 승리를 하기보단
더불어 사는 길을 모색해야 합니다.
적도 마음을 열면 동지가 되는 법입니다.
자전거 뒷바퀴에 구멍이 났다고 해서
뒷바퀴를 버릴 수 있겠습니까?
앞바퀴는 뒷바퀴를 끌고 가야 합니다.
둘은 조금 떨어져 있지만
결국, 하나인 공동운명체이기 때문입니다.

꿈 지킴

그대의 꿈이
한 번도 실현되지 않았다고 해서
가엾게 생각해서는 안 된다.
정말 가엾은 것은
한 번도 꿈을 꿔보지 않았던 사람들이다.

에셴 바흐

아이들의 꿈은 파랗습니다.
그래서 그런지 아이들은 하나같이 푸릇푸릇합니다.
그런데 어른이 되면 '삶이란 괴물'에게
하나둘 꿈을 빼앗깁니다.
그래서 그런지 어른들은 쭈글쭈글합니다.
그런데 간혹, 푸릇푸릇한 어른들이 있습니다.
그들에겐 분명 꿈이 존재하는 까닭입니다.

고층 빌딩 등반가로 유명한 알랭 로베르는
그동안 시카고 110층의 시어스타워와
뉴욕의 엠파이어스테이트 빌딩을 비롯하여
세계 70여 개의 고층 빌딩을 기어올랐습니다.
스파이더맨도 아닌데 왜 그런 무모한 짓을 하는지,
혀를 차는 이도 많았습니다.
그러나 그는 말합니다.
"나를 보고 날카로운 혀를 쏘는 사람도 있지만
정말로 혀 화살을 맞을 사람은 따로 있다.
바로 꿈에 도전하지 않는 사람이다."

버틴 자의 미소

영웅은 보통 사람보다
용기가 엄청나게 많은 것이 아니다.
다만 5분쯤 더 용기가 지속되는 것뿐이다.
용기란 견디는 힘이며, 견디는 힘이 5분쯤
더 많다는 것은 재미있는 표현이다.
왜냐하면 그 5분이 운명을 전환시키는 힘이 되기 때문이다.
영웅이란 결국 좀 더 버티는 힘을 가진 사람이다.

에미슨

'합격사과'는 폭풍우를 이겨낸 사과입니다.
그래서 수험생들에게 인기가 좋습니다.
시련을 이기고 당당히 합격하라는 의미일 것입니다.
일본에서 맛있는 굴 하면
'아카시만 굴'이 유명합니다.
그 이유도 비슷합니다.
아카시만 지역은 폭풍우가 가장 심한 곳입니다.
폭풍우에 시달리다 보니
굴이 탄력 있고 맛도 좋아진 것입니다.

사람도 마찬가지입니다.
더욱 빛나고 가치 있는 사람이 되려면
자기에게 닥친 시련에 태연할 줄 알아야 합니다.
그 시련을 선물이자 기회로 생각해야 합니다.
그럼, 어깨 위의 짐이 한결 가벼워질 것입니다.
진흙탕 속에서 피어나는 연꽃이
더 아름답지 않습니까.
바위를 뚫고 자란 소나무가
더 눈부시지 않습니까.

마음의 창문

남의 과실을 찾아내기는 쉬우나
자기의 과실을 찾아내기는 어렵다.
남의 과실을 들추기 좋아하고
자기의 과실을 감추려고 하는 자는 속임수를 감추려고
애쓰는 사기꾼과 다를 바 없는 것이다.
이런 사람은 자기 자신의 좋지 못한 정념만을
더욱더 키워갈 뿐
참되고 착한 사람이 되는 길에서
점점 멀어져가는 것이다.

붓다

한 여자가 예쁜 옷을 차려 입었습니다.
그런데 창문 쪽을 바라보더니
혀를 쯧쯧 차며 말했습니다.
"안개가 자욱해서 내일 나가야겠다."
다음 날, 역시 예쁜 옷을 입고 창문 앞에 섰습니다.
세상은 여전히 안개가 자욱했습니다.
"오늘도 못 나가겠네."
몇 달 내내 창문 밖 세상은 안개로 가득했습니다.
사실은 바깥세상은 햇볕 좋은 나날의 연속이었습니다.
왜 그 여자의 눈에만 안개가 보였을까요?
여자의 창문엔 뿌연 먼지가 가득했던 것입니다.

당신은 지금 어떤 눈으로 세상을 바라보나요?
검은 창문을 통해 본 세상은 검고
붉은 창문을 통해 본 세상은 붉습니다.
당신은 지금 어떤 마음으로 사람을 대하고 있나요?
미움과 불신으로 사람을 대하면 돌아오는 것 역시 그와 같습니다.
사랑을 받고 싶다면 사랑으로 대하면 됩니다.
오늘은 초등학교 때 창틀에 걸터앉아 창문을 닦았듯
마음의 창문을 닦는 건 어떻겠습니까?
소크라테스의 "너 자신을 알라."라는 말처럼
자신을 돌아보는 하루가 되었으면 합니다.

처음의 중요성

첫 단추를 잘못 끼우면
마지막 단추는 끼울 구멍이 없어진다.

괴테

거미가 그물을 만들기 위해선
첫 줄이 가장 중요합니다.
첫 줄이 질기고 강해야
다음 줄을 계속 엮을 수 있기 때문입니다.
그래서 거미는 첫 줄을 칠 때
가장 많은 힘을 쏟아 붓습니다.
약하다 싶으면 걷어내고 다시 첫 줄을 칩니다.
또 약하다 싶으면 미련 없이 걷어냅니다.
그렇게 몇 차례 줄을 치고 걷어내기를 반복하여
가장 질기고 강한 첫 줄을 완성합니다.

노자는 도덕경道德經에서 이렇게 말했습니다.
千里之行 始於足下
천 리의 먼 길도 발밑의 한 발자국에서부터 시작한다.
이 말은 머뭇거리지 말고 과감히 시작하라는 뜻도 있지만
처음의 중요성을 강조하는 말이기도 합니다.
첫발이 어디를 향하느냐, 첫 인생계획을 어떻게 구성하느냐, 첫 말이 어떤 의도를 하고 있느냐, 첫인상을 어떻게 심어주느냐에 따라 그 이후의 삶이 좌우됩니다.

긴 인생의 처음은 아침입니다.
오늘 아침 당신은 무슨 생각을 했습니까?
오늘 하루를 어떻게 시작하려고 합니까?
첫 시작, 첫 생각, 첫 행동. 기분 좋게 시작하십시오.
처음이 좋으면 그 이후도
분명 좋은 일이 연이어 일어날 것입니다.

현명한 승리

생각이 너그럽고 두터운 사람은
봄바람이 만물을 따뜻하게 기르는 것과 같으니
모든 것이 이를 만나면 살아난다.
생각이 각박하고 냉혹한 사람은
삭북朔北의 한설寒雪이 모든 것을 얼게 함과 같아서
만물이 이를 만나면 곧 죽게 된다.

〈채근담〉 중에서

바둑에는 '불계승'이라는 게 있습니다.
집수의 차이가 너무 커서
굳이 계산할 필요도 없는 대승을 말합니다.
하지만 그렇게 이긴 경우
상대방은 심한 모멸감을 느낄 것입니다.
누군가와 시합에서 이기려면
약간의 차이로 이기도록 하십시오.
그래야 영원한 라이벌이자 파트너로 남아
서로에게 플러스가 되고
상대방의 자존심 또한 지켜줄 수 있을 것입니다.

반집 승!
그것은 승자에게도 달콤하고
패자에게도 역시 승리감을 안겨줍니다.

놓치지 말아야 할 것

삶의 의욕을 잃었을 때
우리는 무엇을 할 것인가?
모든 희망이 사라졌을 때
우리는 무엇을 할 것인가?
미치광이가 될 것인가, 아니면
돌처럼 굳어 버릴 것인가?
해답은 하나밖에 없다.
삶의 의무를 다하라.
하늘이 무너져도 길은 있기 마련이다.
해야 할 일만 하라.
그 밖의 일은 신께서 하실 것이다.

아미엘

시각장애인 빌리 데이비스는 철인 3종 경기 선수입니다.
그의 기록은 14시간 34분 17초.
일반인보다 상당히 뒤처진 기록이지만
그가 남긴 말만큼은 세계 신기록감입니다.
"시력은 잃었지만, 비전을 잃은 적은 없습니다."

비전은 캄캄한 터널 밖의 한 줄기 빛입니다.
현실의 고통을 잊게 해주고
미래의 가능성을 발견하게 합니다.
자기에게 주어진 삶,
그 삶을 비전으로 채우는 것,
그게 삶의 의무이고
삶에게 빚지지 않는 방법입니다.

인생은 보물찾기

사람은 자신이 생각하는 모습대로 되는 것이다.
지금 자신의 모습은
자신의 생각에서 비롯된 것이다.
내일 다른 위치에 있고자 한다면
자신의 생각을 바꾸면 된다.

얼 나이팅게일

유혹, 질투, 미움, 절망, 좌절…….
우리는 흔히 이렇게 생각합니다.
나쁜 것들은 너무나도 쉽게 찾아오고 눈에 잘 보이지도 않는다고.
그런데 사랑, 열정, 꿈, 행복, 화해, 용서……, 이러한 소중한 것들은 잘 찾아오지도 않고 눈에 잘 띄지도 않는다고.
그러나 이러한 것들은 찾아오거나 보이거나 하는 게 아닙니다.
이미 우리의 생활 속에서 우리와 함께 호흡하며 지내고 있습니다.
다만 우리가 무엇을 선택하느냐의 문제입니다.
아침에 눈을 떴을 때, 이불 속엔 두 가지의 숨은 그림이 있습니다.
'게으름'과 '활기'입니다.
무엇을 선택할 건가요?
공부할 때, 책 속엔 두 가지의 숨은 그림이 있습니다.
'딴짓'과 '집중'입니다
무엇을 선택할 건가요?
이성을 만날 때, 연애 속엔 두 가지의 숨은 그림이 있습니다.
'미움'과 '사랑'입니다.
무엇을 선택할 건가요?
선택한 그림들을 하나하나 잘 끼워 맞추다 보면 그것들이 모여 인생이 되고 내가 되는 것입니다.

목적이 이끄는 삶

어떤 일이든 성공하려면
방향 감각과 소명의식이 있어야 한다.
당신이 누구든,
무슨 일을 하고 있든,
어떻게 자신을 거기에 맞출 것인가 알아야 하고,
또 당신이 하고 있는 일이
중요하다는 사실을 알아야 한다.

루이스 V. 가스너, 〈코끼리를 춤추게 하라〉 중에서

축구를 배우고자 하는 노인이 있었습니다.

그런데 가족이나 주위 사람들은 걱정과 우려를 나타냈습니다.

"뼈도 약한데 자칫 넘어지기라도 한다면 큰일 납니다. 그냥 배우지 마세요."

주위의 만류에도 노인은 축구 배우기를 강행했습니다. 아침부터 밤늦게까지 종일 연습만 했습니다. 다행히 사고는 나지 않았고 하루하루 실력은 점점 좋아졌습니다.

몇 년 후, 노인은 축구선수 못지않게 뛰어난 실력을 갖추게 되었습니다.

노인에게 한 청년이 물었습니다.

"저도 할아버지처럼 축구를 잘하고 싶어요. 어떻게 해야 하나요?"

노인이 대답했습니다.

"연습이 물론 중요하지. 그러나 연습을 하기에 앞서 선행되어야 할 게 있어. 바로 내가 왜 이것을 해야 하는지에 대한 분명한 이유 내지는 목표가 있어야 해. 이유와 목표가 정해지면 훈련에 집중할 수 있고 훈련에 집중하다 보면 실력이 쌓이는 건 시간문제야. 나에겐 이유와 목표가 있었어. 손자에게 멋진 할아버지가 되고 싶었거든."

5장
행복한 순간은 지금 이 순간입니다

행복그릇

행복한 사람은 성공했기 때문에 행복한 것이 아니다.
그들은 행복하기 때문에 성공한 것이다.
행복은 인생에서 가장 중요한 목표다.
행복은 당신이 어떻게 느끼는지와 관련이 있다.

앤드류 매튜스, 〈그럼에도 행복하라〉 중에서

작은 '행복그릇'을 가진 사람은
그 그릇에 행복을 조금만 담아도
금세 꽉 차기 때문에
행복감을 쉽게 느낍니다.
반면, 큰 '행복그릇'은 아주 많이 담아도
쉽게 채울 수 없어 행복이 멀기만 합니다.

행복하기를 원하십니까?
그럼, 줄이십시오.
행복그릇을 줄이면
손톱만 한 행복으로도
채우고 남습니다.

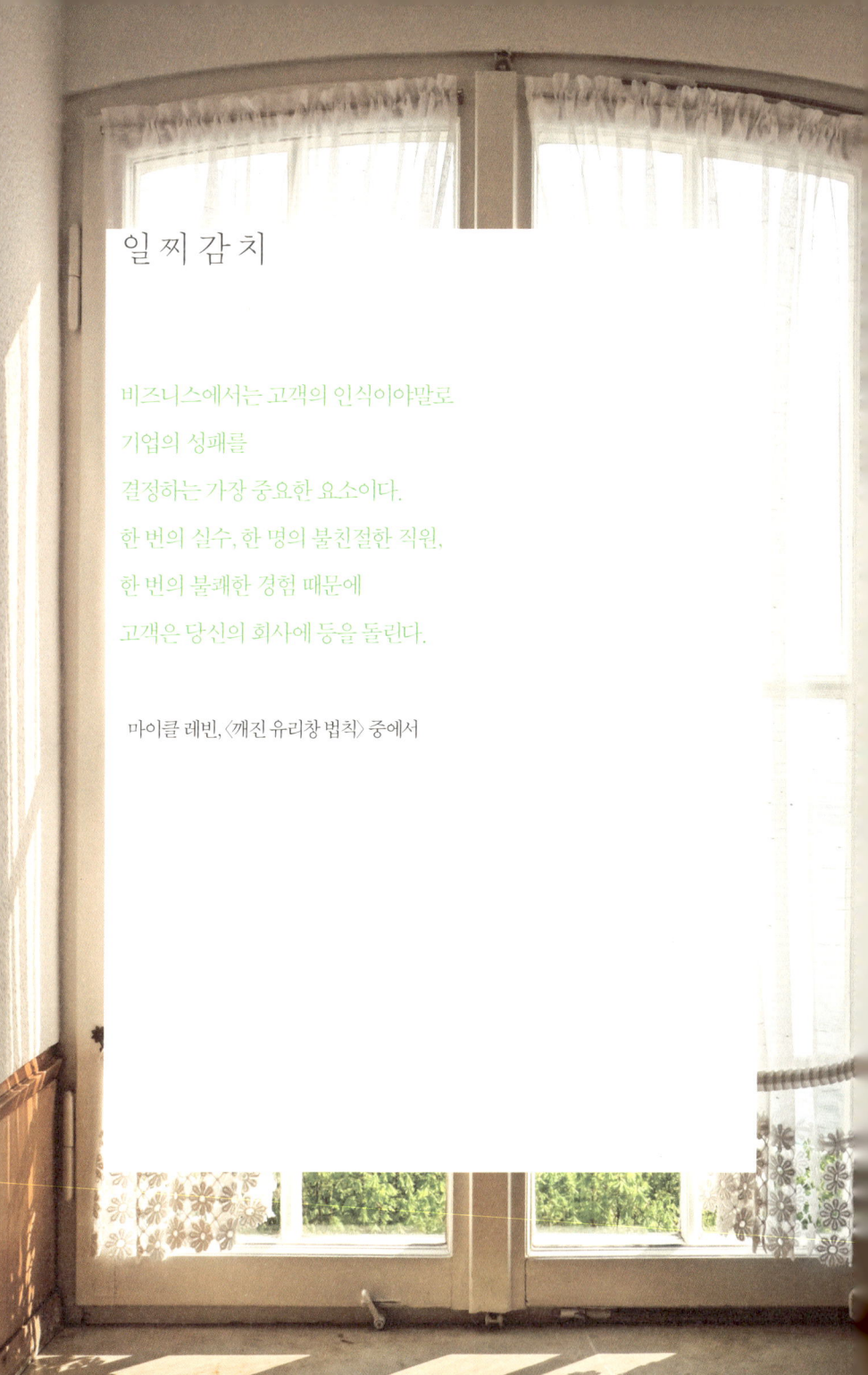

일찌감치

비즈니스에서는 고객의 인식이야말로
기업의 성패를
결정하는 가장 중요한 요소이다.
한 번의 실수, 한 명의 불친절한 직원,
한 번의 불쾌한 경험 때문에
고객은 당신의 회사에 등을 돌린다.

마이클 레빈, 〈깨진 유리창 법칙〉 중에서

"와르르~!"
천둥 번개를 맞고도 끄떡없이
오랜 세월을 견뎌온 거목 하나가
한순간에 무너집니다.
외피를 뚫고 침입한
자그마한 딱정벌레 때문입니다.
작고 사소한 것이
생명력을 파괴한 것입니다.

인생을 망치는 건 큰 사건이 아닙니다.
아주 작은 일 때문입니다.
작고 사소한 습관이라도
나쁜 것이라면 일찌감치 버려야 합니다.
이런 말이 있습니다.
"습관은 나무껍질에 새긴 글자와 같다.
나무가 커감에 따라 글자도 커진다."
그 나쁜 것이 성큼 자라서
당신의 인생 전체를 집어삼킬지도 모릅니다.

나누는 연습

남의 흉한 일을 민망히 여기고,
남의 좋은 일은 기쁘게 여기며,
남이 위급할 때는 건져주고,
남의 위태함을 구해주라.

명심보감

두 개의 손이 있습니다.
나눔의 손과 욕심의 손.
내 것을 남에게 줄 때는
나눔의 손을 내밀고
남의 것을 빼앗을 때는
욕심의 손을 사용합니다.
나눔의 손은 한 손이어도 넉넉하고
두 손이면 더욱 풍요로움을 느낍니다.
그러나 욕심의 손은 두 손이어도 모자라고
열 손이라도 늘 부족한 생각이 듭니다.

지금 당신의 손을 보십시오.
풍요롭고 따뜻한 손인가,
부족하고 부끄러운 손인가.

예 행 연 습

내가 확실하게
강조하고자 하는 것은
위기를 얼마나 잘 피했느냐가 아니라
얼마나 일찍 위기를 만나서 잘 극복하고
다음번 위기로 넘어갈 수 있었는지, 그리고 얼마나
많은 위기를 살아가는 동안에 담아낼 수 있는지로
그 사람의 능력이 판단된다는 점이다.

M. 스캇 펙, 〈아직도 가야 할 길 끝나지 않은 여행〉 중에서

어미가 낭떠러지 밑으로
새끼독수리를 떨어뜨렸습니다.
"엄마~!"
두려움과 공포에 휩싸인 새끼독수리.
그러나 어미는 냉정합니다.
새끼독수리가 아래로 곤두박질쳐
땅에 떨어지려는 순간,
어미는 잽싸게 새끼독수리를 물어 올립니다.
그리고 냉정하게 또다시 떨어뜨립니다.
떨어뜨리고 물어 올리고
다시 떨어뜨리고 물어 올리기를 수십 번.
어느 순간부터 새끼독수리는 스스로 날아오릅니다.
두려움이 날개를 펴게 하고
공포가 잠재된 능력을 깨웁니다.

우리는 살면서 숱한 고난과 역경을 만나게 됩니다.
그러나 분명 위기가 극복되고
새로운 기회로 다가올 때가 있습니다.
전화위복의 순간이 온다는 얘기입니다.
오늘의 위기는 더 나은 내일을 위한 예행 연습이며
빛으로 가기 위한 잠깐의 터널에 불과합니다.

사랑의 힘

성공을 거둔 기업가는
부를 사회에 환원하고,
또 세계의 불평등을 개선할 수 있는 길을 찾아야 한다.
나는 죽기 전까지
재산의 95%를 사회에 기부하겠다.
내 인생의 후반은
주로 의미 있게 돈을 쓰는 일에 바칠 것이다.

빌 게이츠

엘리베이터 타지 않고 계단으로 오르락내리락하기.
버스나 지하철보다는 자전거로 이동하기.
느리게 걷기보다는 두 팔을 앞뒤로 크게 흔들며 빠르게 걷기.
이대로 실천하면 몸이 튼튼해질 것입니다.

이번에는 속을 건강하게 하는 법입니다.
그 비법은 바로 '봉사'
"봉사와 건강이 무슨 상관이야!"
고개를 갸우뚱거릴 필요 없습니다.
과학적으로도 증명되었습니다.
남을 위해 봉사활동을 하면
체내에 면역기능이 크게 증강됩니다.
이게 바로 '마더 테레사 효과'입니다.
믿지 못하겠다면 직접 실천해보십시오.
놀라운 효능을 느낄 것입니다.
물론 남을 위한 일을 한다는 게 절대 쉽지 않습니다.
그러나 거기엔 희망이 있고 행복이 있습니다.
우리에게 남은 시간은 그리 많지 않습니다.
봉사하고 사랑하기에도 너무 부족한 인생입니다.

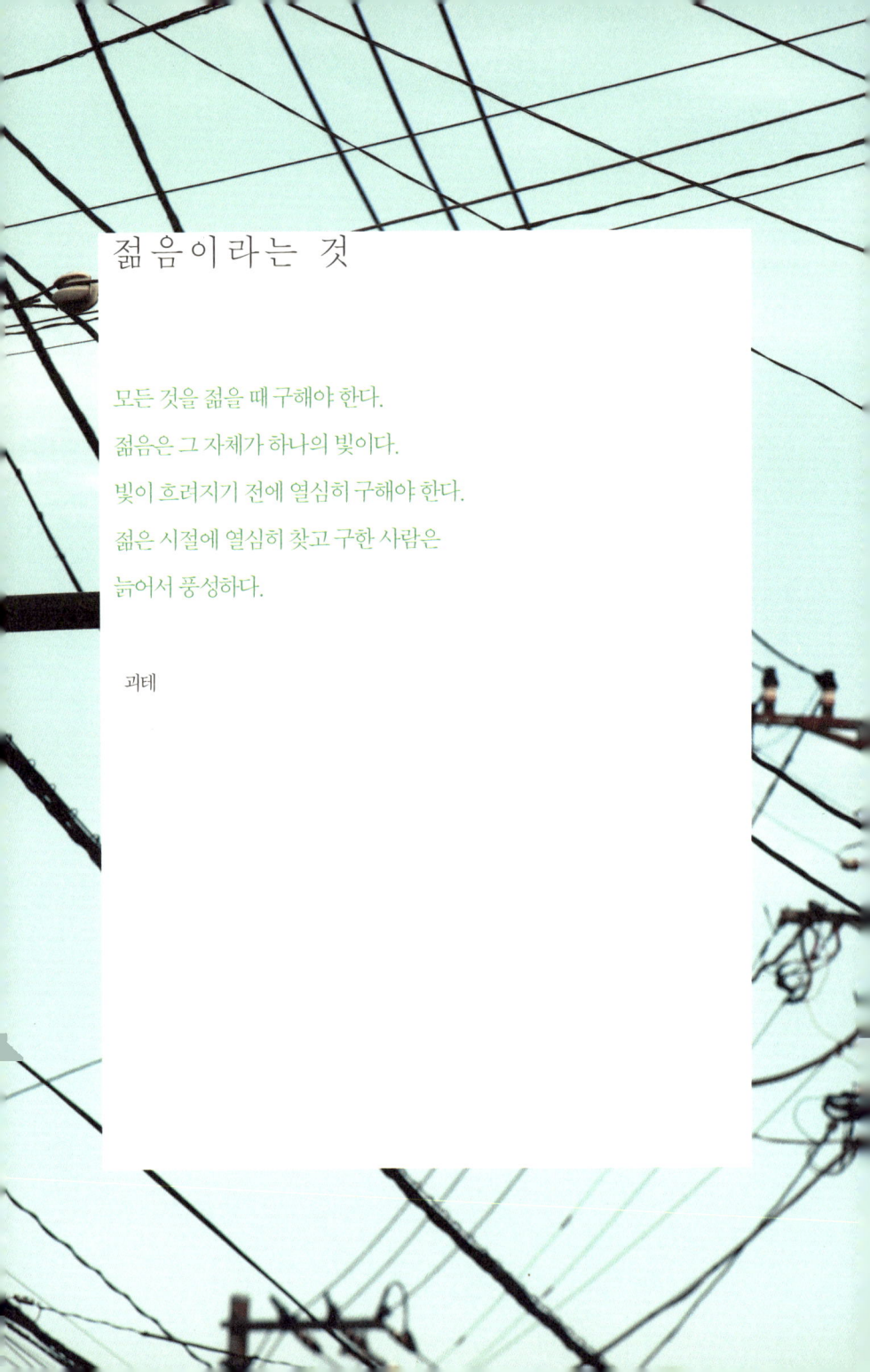

젊음이라는 것

모든 것을 젊을 때 구해야 한다.
젊음은 그 자체가 하나의 빛이다.
빛이 흐려지기 전에 열심히 구해야 한다.
젊은 시절에 열심히 찾고 구한 사람은
늙어서 풍성하다.

괴테

자신의 일기장에
절망이라는 단어가 없는 것,
자신의 사랑 앞에
비겁함이라는 단어가 없는 것,
자신의 가슴속에
포기라는 단어가 없는 것,
자신의 친구 옆에
배신이란 단어가 없는 것,
자신의 꿈 앞에
멈춤이라는 단어가 없는 것,
자신의 시간 앞에
게으름이란 단어가 없는 것,
자신의 벽 앞에
좌절이란 단어가 없는 것,

그리고
자신의 세월 앞에
젊음이라는 단어를 꽉 잡아두는 것!

우리 사이

참된 우정은 앞과 뒤가 같다.
앞은 장미로 보이고,
뒤는 가시로 보이는 것이 아니다.
그러므로 참다운 우정은
삶의 마지막 날까지 변하지 않는다.

류카이르

우리는 어깨의 높이가 다릅니다.
보폭이 다릅니다.
덩치가 다릅니다.
성격이 다릅니다.
성적이 다릅니다.
집안이 다릅니다.
이성을 보는 취향이 다릅니다.
식성이 다릅니다.
생각이 다릅니다.
꿈이 다릅니다.
눈물의 양이 다릅니다.
세상을 보는 시각이 다릅니다.
돈 씀씀이가 다릅니다.
좋아하는 가수가 다릅니다.
좋아하는 계절이 다릅니다.
생김새도 물론 다릅니다.

같은 것은 하나도 없습니다.
그런데 신기하게도 우리는 함께합니다.
서로 의지하고 신뢰합니다.
왜 그럴까요?
친구, 친구이니까요!

아름다운 하모니

협력이야말로
창의성의 한계를 뛰어넘는 비결이라고 생각한다.
나는 시카고의 즉흥극 극단에 소속된 배우들이
무대 위에서 즉흥적으로 대사를 만드는 방법을
10년 동안 연구하면서 협력이야말로
집단 즉흥극의 성패를 좌우하는 열쇠라고 확신했다.
비즈니스 세계에서도 한 팀의 탁월한 협력,
즉 그룹 지니어스를 통해
혁신이 이루어지는 과정을 수없이 지켜보았다.
대학을 졸업하던 1980년대 초,
나는 세계적인 게임업체 아타리Atari에서
비디오 게임을 디자인하며 사회생활을 시작했다.
아타리에서 출시된 게임들은
모두 끊임없는 협력과 의견교환을 거치며
진화를 거듭했다.

키스 소여, 〈그룹 지니어스〉중에서

뼛속까지 스미는 추위로 가득한 남극대륙,
그곳에서 황제펭귄은 어떻게 살아남을까요?
수백, 수천 마리의 수컷 펭귄들은
서로의 몸을 비비며 체온을 유지합니다.
그리고 번갈아 가며
바람과 맞닿는 바깥쪽에 서는 사이,
안쪽에 있는 펭귄들은 편히 쉽니다.

기러기는 장거리를 이동할 때,
V자 형태로 떼를 지어 납니다.
맨 앞에서 나는 기러기의 날갯짓은
기류의 상승운동 효과가 생겨
뒤따르는 기러기가 쉽게 날 수 있게 합니다.
그리고 맨 앞 기러기가 힘들면
다음 기러기가 자리바꿈을 해줍니다.

아름답다, 참 아름답다.
'함께'라는 게 참 아름답습니다.

낙관적인 태도

굳이 깊은 아마존 정글이 아니더라도
우리 삶에는 고난과 위협이 곳곳에 도사리고 있다.
피다한 사람들은
자신들이 처한 환경에서 살아남기 위해
잠을 자지 않는 불편한 생활을 선택했다.
그럼에도 그들은
그러한 상황을 여유롭고 유쾌하게 즐긴다.
이점이 중요하다.
우리 삶은 어쨌든 계속될 뿐이다.

다니엘 에버렛, 〈잠들면 안 돼, 거기 뱀이 있어〉 중에서

정글 뱀 때문에 잠을 못 이루지만
그것에 대해 불평불만을 느끼지 않습니다.
오히려 밤새워 놀 수 있다며 좋아합니다.
춤을 추며 노래합니다.
이런 상황에서 당신은 춤추며 노래할 수 있나요?

이런 이야기가 있습니다.
전투를 치르는 군인들이 있었습니다.
그런데 점점 불리한 상황이 되어가고 있었습니다.
"대장님, 적군에게 완전히 포위되었습니다."
군인들은 모두 절망에 빠졌습니다.
그러나 대장은 달랐습니다.
"드디어 우리에게 기회가 왔다.
이제, 어느 방향으로도 다 공격할 수 있다!"

똑같은 강도의 위기에서
어떤 사람은 핵폭탄 같은 절망감을 느끼고
어떤 사람은 깃털 같은 절망감을 느낍니다.
위기를 낙관으로 극복하고 낙관을 기회를 바꾸는 지혜,
그 지혜를 우리는 가져야 합니다.

꿈의 메모

존과 나는 거의 언제나 공책을 펼쳐놓고
나란히 앉곤 했다.
첫 페이지 상단에 '레넌과 매카트니의 오리지널'이란
제목을 붙이고 생각나는 대로 무엇이나 써 두었다.
다음 세대에는 우리가 최고의 밴드가 될 거라는
꿈으로 가득 채워진 공책이었다.

폴 매카트니

'난 할 수 있다!'
'합격할 거야!'
'꿈은 이루어진다!'
'포기하지 말자!'
이런 문구들이 적힌 수첩을
가슴에 품고 다니거나 아니면 종이에 적어
벽에 덕지덕지 붙여놓는 사람들이 간혹 있습니다.

그들은 알고 있는 걸까요?
메모가 기적을 이루게 하는 놀라운 힘을 갖고 있다는 걸.
알고 그랬든 모르고 그랬든
잘한 일임이 틀림없습니다.
어느 작가는 이렇게 말했습니다.
"쓴다는 것은 우주에 신호를 보내는 것과 같다. 나비의 날갯짓이 지구 반대편의 폭풍을 불러오듯이, 간절한 마음을 담아 써 내려간 글자 하나하나는 운명을 바꿀 변화를 가져온다."
지금 당장 꿈을 적으십시오.
적는 순간, 당신의 꿈은 당신에게로 성큼 다가올 것입니다.

꿈의 크기

자신의 기준을 높여라.
진정으로 변화하고 싶다면
우선 자신의 기준부터 높여야 한다.
역사에는 레오나르도 다빈치, 에이브러햄 링컨,
헬렌 켈러, 마하트마 간디, 마틴 루터 킹,
로사 파크스, 알버트 아인슈타인,
체사르 차베스, 혼다 소이치로와 같이
자신의 기준을 높여
위대하고 훌륭한 삶을 산 사람들이 많이 있다.
누구나 그들이 보여주었던 능력을 얻을 수 있다.
세계를 변화시키는 것은
우리 스스로 변화하는 간단한 일에서부터 시작된다.

앤서니 라빈스, 〈네 안에 잠든 거인을 깨워라〉 중에서

'코이'라는 잉어가 있습니다.
이 잉어가 사는 모습을 보면 참 신기합니다.
사는 공간에 따라 크기가 달라집니다.
작은 어항에 넣어 두면
5~8센티미터 밖에 자라지 않고
아주 커다란 수족관이나
연못에 넣어 두면
15~25센티미터까지 자랍니다.
그리고 강물에 방류하면
90~120센티미터까지도 성장합니다.

우리들의 꿈도 그렇습니다.
큰 꿈을 품은 자는 크게 될 확률이 높습니다.
꿈이 큰 만큼 더 노력할 테니까요.
꿈의 크기가 그 사람의 크기이고
인생의 크기이고 미래의 크기입니다.

숨어 있는 힘

모든 사람의 마음속에는
좋은 소식이 있다.
바로 자기 자신이 얼마나 위대해질 수 있는지,
얼마나 많은 사랑을 베풀 수 있는지,
얼마나 많은 것들을 이뤄낼 수 있는지,
그리고 얼마나 큰 잠재력이 있는지
모를 만큼 한계가 없다는 것이다.

안네 프랑크

우리가 눈으로 보는 빙산은
10%에 불과합니다.
말 그대로 빙산의 일각일 뿐.
나머지 90% 정도는 물속에 잠겨 있습니다.
우리의 모습도 빙산과 닮았습니다.
아직 보여주지 못한,
그리고 발견하지 못한
90%를 가지고 있습니다.

누구에게나 무한한 가능성이 있습니다.
10% 때문에 좌절하고
10% 때문에 포기하고
10% 때문에 자책하는
그런 어리석은 일은 하지 마십시오.
겨우 10%에 인생을 걸기엔 인생이 너무 아깝습니다.
당신의 능력이 너무나 아깝습니다.
가슴 깊이 잠자고 있는 90%로 인생을 여십시오.
가능성은 아직도 많이 남아 있습니다.

가장 쉽지만 가장 어려운 것

효도하고서 어질지 않은 사람이 없고
효도하고서 의롭지 않은 사람이 없으며
효도하고서 예의가 없고 지혜가 없고
신용이 없는 자가 있을 수 없는 것이다.

효경

고향을 떠올리면 가장 먼저 생각나는 사람이 있습니다.
바로 어머니입니다.
당신은 어머니의 거친 손을 따뜻하게 잡아준 적이 언제입니까?
항상 마음속으로는 효도해야지 효도해야지 다짐만 하지
제대로 한번 어머니의 마음을 헤아리고 보듬어준 적이 없습니다.

효도가 그렇게 어려운 걸까요?
효도는 어려운 게 아닙니다.
오히려 너무 쉬우므로 사람들이 망각하고 하지 못하는 것입니다.
나중에 어른이 돼서 해야지,
나중에 성공하면 해야지,
나중에 결혼하면 해야지,
그렇게 미룰 만큼 어렵고 복잡한 게 아닙니다.

학교나 회사에서 있었던 일 말해주기.
친구와 있었던 일 말해주기.
지금 나를 힘들게 하는 일 말해주기.
컴퓨터 다루는 법 알려주기.
가끔 어깨 주물러주기
그게 바로 효도입니다.
돈으로도 베풀 수 없는
성공으로도 보답할 수 없는 그 하찮은 걸 해주십시오.
그게 진짜 효도입니다.

제자리 찾기

남에게 의지하면
실망하는 수가 많다.
새는 자기의 날개로 날고 있다.
따라서 사람도 스스로
자기의 날개로 날아야 한다.

르낭

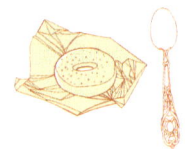

나무는 산에 있어야 하고 물은 강에 있어야 합니다.
또한 배는 항구에 머무를 때보다
바다 위에 떠 있을 때가 더 아름답고
꽃은 꽃병에 꽂혀 있을 때보다
드넓은 들판에 머물 때가 더 아름답습니다.
무엇이든 있어야 할 곳에 있어야 합니다.
인위적으로 제자리를 벗어나면
보기에도 안 좋고 다른 것들과 조화도 맞지 않습니다.

사람도 마찬가지입니다.
자기가 있어야 할 자리에 있어야 가장 빛이 납니다.
열정의 한복판.
꿈의 한복판.
희망의 한복판.
그리고 사랑의 한복판.
그 한복판이 당신이 있어야 할 자리입니다.
혹여 지금 그 자리에 없다면 속히 제자리로 돌아가십시오.
그 자리가 당신에게 가장 어울리는 자리입니다.

거북이 걸음

언덕길이다.
한 발짝 한 발짝,
숨결을 고르며 천천히 달린다.
한달음에 정상에 오르고자 하는 마음은 굴뚝같지만
다리의 근력이 허락하지 않는다. 하지만 조금씩 오를수록
의지는 강해진다. 어찌 되었든 언젠가는 꼭대기에
다다르게 마련이다. 그런 믿음이 있는 한
속도는 그리 중요하지 않다.

쿠르트 호크, 〈나이 들지 않으면 알 수 없는 것들〉 중에서

장장 20년에 걸쳐 완성된 영화가 있습니다.
아텐보르 감독의 영화 '간디'입니다.
숱한 역경들이 그의 앞길을 가로막았지만
아텐보르는 한순간도 멈추지 않고 걸어갔습니다.
마지막 장면인 간디의 장례식은
십만 명의 엑스트라와 이십만 명의 자원자들로
최고의 장면을 연출했습니다.
1983년 그는 아카데미 작품상과 감독상,
남우주연상 등 8개 부문의 상을 받았습니다.
그날 그의 수상소감은 간단했습니다.
"한 걸음씩!"

토끼처럼 성큼성큼 달려가는 것이
당연히 거북이보다는 빠릅니다.
그러나 거북이가 승리할 수 있었던 이유,
그는 쉬지 않았다는 것입니다.
하루에 한 걸음씩 차곡차곡.

다시 또다시

대개 행복하게 지내는 사람은
노력가이다.
게으름뱅이가 행복하게 사는 것을 보았는가!
노력의 결과로서
오는 어떤 성과의 기쁨 없이는
누구나 참된 행복을 누릴 수 없기 때문이다.
수확의 기쁨은
그 흘린 땀에 정비례한다.

블 레이크

일본의 대표적 화가 후쿠사이가
수탉 그림 한 장을 재빠르게 그렸습니다.
그리고 말했습니다.
"난 이 수탉 그림을 3년이란 세월에 걸쳐서 그렸네."
친구가 말했습니다.
"그게 무슨 소린가? 몇 분 정도 걸린 것 같은데."
그러자 후쿠사이가 말했습니다.
"저기 작업실을 보게. 이 수탉 그림 하나 그리려고
난 3년 동안 종이를 후지 산만큼 쌓았네."

아무리 좋은 음식도 상온에 두면 쉽게 상합니다.
냉장고에 보관해야 유통기한을 늘릴 수 있습니다.
사람의 재능도 마찬가지입니다.
뛰어난 재능을 갖고 태어났다고 해서
그 재능이 죽을 때까지 지속하는 건 아닙니다.
잘 가꾸고 보살피고 발전시켜야 합니다.
거듭된 훈련과 노력만이
그 재능의 생명력을 연장하는 것입니다.

무無대

나는 어느 목적지에 가고자
여행하는 것이 아니고
그저 가기 위해서 여행한다.
나는 여행을 위해서 여행한다.
중요한 것은 이동하는 것이다.

로버트 루이스 스티븐슨

"자네는 미술 작품 중에
가장 위대한 작품이 무엇이라 생각하나?"
친구의 질문에 화가는 백지를 가리켰습니다.
"바로 저것이네."
"지금 장난하는 건가?"
"장난이 아닐세. 저 백지에는 아직 완성되지 않은
최고의 작품이 숨어 있지 않은가."

아무런 재능이 없습니까?
그렇다면 기뻐할 일입니다.
그것만큼 더 큰 재능은 없으니까요.
앞으로 발견될 재능과 채워야 할 인생이
남보다 더 많다는 얘기입니다.
지금은 텅 빈 무無대입니다.
서두르지 말고 하나씩 진행하십시오.
희망의 나무도 심고 행복의 구름도 불러오고
열정의 태양도 붙이면
인생이라는 무대 위에 최고의 인생이 펼쳐질 것입니다.

과정의 즐거움

인생은 즐기면서
살아가야 하는 어떤 것이다.
더 나은 것이 되기 위한
고통의 길이 아닌 것이다.
인생은 천국으로 가기 위한
하나의 목적으로 서둘러
도착해야 할 목적지가 아니라
길가에 핀 꽃들을 감상하는 길이다.

에드워드 드 보노

깊고 비좁고 어두운 탄광 안에서 석탄을 캐내는 작업은 참으로 고된 일입니다.
그러나 한 광부는 일하는 내내 미소를 잃지 않습니다.
그 이유를 묻자, 광부가 이렇게 대답합니다.
"힘이 드는 건 사실입니다. 그렇다고 인상만 쓰며 짜증을 낼 순 없잖아요. 이왕 하는 거 즐겁게 하려고요. 그리고 생각해보세요. 이 일이 얼마나 보람된 일이며 가치 있는 일입니까? 제가 캔 석탄 하나가 누군가에겐 따뜻한 온기가 되고 또 누군가에겐 불을 밝혀주는 희망의 빛이 되기도 하잖아요. 그런 생각을 하다 보니 그나마 버틸 힘이 유지되는 것 같습니다."

일의 과정 역시 중요합니다. 일하는 과정에서 과도한 스트레스로 고통받는다면 그건 삶을 지치게 하고, 일까지 싫어지게 만듭니다.
이 순간이 즐거워야 오늘 하루가 즐겁고 오늘 하루가 즐거워야 인생이 즐거워지는 것입니다.

고통도 내 삶

우리의 삶에 뛰어넘어야할
아무런 한계가 없다면
우리가 하는 경험들은
결실의 기쁨을 잃어버린다.
어둔 골짜기를 지나가는 고난이 없다면
산 정상이 서는 기쁨도 사라진다.

헬렌 켈러

365일 늘 햇살 좋은 날만 계속되는 건 아닙니다.
날씨는 수시로 바뀝니다. 천둥 번개가 몰아치는 날도 있고 갑작스러운 폭설에 온 세상이 마비되는 경우도 있습니다.
인생도 마찬가지입니다. 웃음과 행복 그리고 사랑만으로 가득했으면 좋으련만 그렇지 않습니다. 우울한 날, 슬픈 날, 눈물 나는 날, 괴로운 날, 아픈 날도 드물게 혹은 자주 찾아옵니다.
그런 고통스러운 날이 찾아올 때 대부분 이렇게 반응합니다.
"왜 하필 나에게!"
물론 나를 힘들게 하는 고통스러운 일이나 사건들이 찾아오지 않는다면 얼마나 좋을까. 그러나 그건 불가능합니다. 날씨를 어떻게 할 수 없듯, 햇볕과 구름과 비와 눈을 어떻게 할 수 없듯 인생의 수많은 사건을 어떻게 할 수는 없습니다.

있는 그대로 받아들여야 합니다.

고통 역시 인생이니까요. 고통 역시 나의 모습이며 나의 현재이니까요.

여름은 식물에게 고통의 시간이라고 합니다. 날이 더워 목이 말라서 그런 것도 있지만, 병충해의 공격으로 생명까지 위협을 받습니다. 그렇다고 식물이 생명을 쉽게 포기하진 않습니다. 식물은 고통을 이겨내기 위해 스스로 치료제를 만들어냅니다. 결국, 이겨내고 더더욱 강해집니다.

우리도 고통을 유연하게 받아들이는 자세가 필요합니다. 고통이 나를 무너뜨리기 위해서 찾아온 게 아니라 나를 더 강하게 만들기 위해 온 것이다, 그렇게 받아들인다면 고통도 즐길 수 있을 겁니다.

6장
아무도 대신할 수 없는 인생이기에

길 찾기

가장 빛나는 별은
아직 발견되지 않은 별이고,
당신 인생 최고의 날은 아직 살지 않은 날들이다.
스스로에게 길을 묻고 스스로 길을 찾아라.
꿈을 찾는 것도 당신,
그 꿈으로 향한 길을 걸어가는 것도
당신의 두 다리,
새로운 날들의 주인은, 바로 당신 자신이다.

토마스 바샵, 〈파블로 이야기〉 중에서

산에서 길을 잃으면
이리저리 헤매지 말고
오히려 산 위로 올라가야 합니다.
산 정상에 서면 마을로 가는 길을
훤히 내려다볼 수 있기 때문입니다.
요즘은 내비게이션이 있어
모르는 길도 가고자 하는 마음만 있으면
금방 찾아갈 수 있습니다.
그래서 길을 잃어버릴 염려가 없습니다.

인생의 길은 그렇지 않습니다.
인생의 길을 가다 보면
때론 길을 잃고 방황할 때가 있습니다.
내비게이션도 나침반도 통하지 않습니다.
오직 의지할 건 자신의 발걸음뿐.
가다 보면 길이 보입니다.
입구가 있으면 출구가 있기 마련,
길이 없다면 만들면 되는 것입니다.

최선의 하루

암이라는 진단을 받은 지
3년 되는 날이었던 1999년 10월 2일을 맞이하여
나는 10월 2일을 '카르페 디엠 데이Carpe Diem Day'라고
이름 붙였다.
카르페 디엠이란 '오늘을 즐겨라.' 또는 '현재를 즐겨라.'라는 뜻이다.
내게 이날은 그 누구의 생일이나 그 어떤 국경일이나
명절보다도 중요하고 의미 있는 날이다.
자기반성과 두 번째로 내게 주어진 기회에 대해
깊이 생각하는 날이기도 하다.

랜스 암스트롱 외, 〈1%의 희망〉 중에서

자기 나이보다 훨씬 빨리 늙는 병이 있습니다.
'길퍼드증후군'이라는 병입니다.
그 병을 앓고 있는 소년이 있습니다.
겨우 열 살인데 피부가 쭈글쭈글하고
머리카락이 듬성듬성 빠집니다.
얼핏 보기에 60살은 넘은 것처럼 보입니다.
"넌 지금 너의 상황이 슬프지 않니?"
누군가 묻자 소년이 활짝 미소 지으며 말합니다.
"괜찮아요. 제게 주어진 시간이 짧으니까
단 1초도 가치 있게 보내려고 노력하거든요."
자신에게 주어진 시간은 아무도 모릅니다.
갑자기 그 시간이 끝나거나 꽤 길 수도 있습니다.
중요한 건 시간의 길이가 아닙니다.
얼마나 가치 있는 시간을 보내느냐입니다.
단 일주일의 시간밖에 남아 있지 않다면
무슨 일을 하겠습니까?
그동안 하지 못했던 것들을 하기 위해
하루하루 최선을 다할 것입니다.
하루를 위해 최선을 다하는 것처럼
일생이라는 시간도 그렇게 보내야 합니다.
그게 먼저 이 세상을 떠난 이들에 대한 예의입니다.

가족이라는 사랑

우리에게 가장 중요한 것은 단 두 가지,
가족의 사랑과 이해이다.
가족의 사랑과 이해가 없다면
모든 성공은 무의미 하다.
그런 것들은 바람에 따라
편견의 조류에 따라 흔들리는 조각배와 같다.
그러나 가족은 인간이라는 배를
자부심과 충실함이라는 지주에
단단히 매는 영원한 정박지이자 고요한 항구이다.

리처드 바크

미국의 자동차 왕 헨리 포드가
고향에 내려가 작고 아담한 집을 한 채 지었습니다.
주위 사람들은 이렇게 물었습니다.
"돈이 아주 많을 텐데
왜 이리 평범하고 초라한 집을 짓습니까?"
그러자 그가 대답했습니다.
"가족이 사는 집은 건물이 아닙니다.
아무리 작고 초라해도 사랑이 넘친다면
그 집은 가장 위대한 공간이 됩니다."

함께 있다는 것만으로도
행복하고 미소 지을 수 있고
의지가 되는 게 바로 가족입니다.
단지 피를 나눴기 때문에 가족이 아닙니다.
살아가면서 닮아가고 사랑을 나누고
함께 눈물을 공유하기에 가족입니다.

환희의 스위치

사람은 대개 자기의 운명을
스스로 만들어가고 있다.
운명이란
외부에서 오는 것 같지만
알고 보면 자신의 약한 마음,
게으른 마음, 성급한 버릇
이런 것들이 운명을 만든다.
운명은
용기 있는 사람 앞에서는 약하고,
비겁한 사람 앞에서는 강하다.

세네카

어둠 속에 서 있어본 적이 있나요?
그곳에 서 있으면 두렵다는 생각이 듭니다.
뭔가가 갑자기 나타나 날 덮치지 않을까,
온몸에 소름이 돋고 심장이 콩알만 해집니다.
이때 누군가가 톡 하고 스위치를 올려
주위가 환해지면 안도의 한숨과 함께
두려움은 환희로 바뀝니다.

두려움과 환희는 단지 어둠과 밝음의 차이일까요?
눈을 감아도 어둡기는 마찬가지.
그러나 두렵지 않습니다.
무슨 생각을 하느냐에 따라
두려움을 불러올 수도, 환희를 불러올 수도 있는 것입니다.
두려움이 다가올 때 물러서지 말고 맞서 싸우세요.
두려움도 강한 자 앞에서는 두려워합니다.
두려움의 자리에 환희를 채우세요.
톡, 환희의 스위치를 당신 스스로 올리세요.

넓은 마음

강력한 생각을 가진 사람이란
강력한 의식의 흐름을 가지고 있는 사람입니다.
강력한 의식의 흐름을 가지고 있는 사람이란
강력한 의식의 흐름을 허용한 사람입니다.
강력한 의식의 흐름을 허용한 사람이란
모든 것을 포용하고 수용할 수 있는
마음의 소유자를 말합니다.

게이트, 〈나를 통하여 이르는 자유〉 중에서

머리가 두 개 달린 뱀이 있습니다.
이 뱀의 운명은 앞으로 어떻게 될까요?
살고자 한다면 둘은 하나가 되어야 합니다.
좌측으로 가고자 한다면
먼저 상대에게 양해를 구해야 합니다.
또한 우측으로 가고자 한다면
둘의 합의가 우선되어야 합니다.
그렇지 않고 서로의 뜻만 내세운다면
뱀은 한걸음도 나갈 수 없습니다.
먼저 누가 양보하지 못하면
이 뱀은 공존할 수 없습니다. 죽음뿐이죠.

자기의 주장을 내세우는 것도 중요하지만
때론 자기의 주장을 굽힐 줄도 알아야 합니다.
양보하고 너그럽게 품는 마음,
그것이 세상을 더욱 부드럽게 만들고
상대를 얻는 방법입니다.

아버지, 그 이름

스물아홉

열네 시간을 기다려서야 자식의 울음소리를 들을 수 있었습니다.

당신은 신을 믿지 않았지만, 당신도 모르게 기도를 올렸습니다.

서른일곱

자식이 초등학교를 들어가 우등상을 탔습니다.

당신은 액자를 만들어 가장 잘 보이는 곳에 걸어 두었습니다.

아직도 당신의 방에는 누렇게 바랜 액자가 걸려 있습니다.

마흔넷

일요일 아침, 모처럼 자식과 뒷산 약수터로 올라갔습니다.

이웃 사람들이 자식이 아버지를 닮았다며 인사를 건넸습니다.

당신은 괜히 기분이 좋았습니다.

마흔여덟

자식이 대학입학 시험을 보러 갔습니다.

당신은 평소와 다름없이 출근했지만,

하루 종일 일이 손에 잡히지 않았습니다.

쉰셋

자식이 첫 월급을 타서 내의를 사 왔습니다.

당신은 쓸데없이 돈을 쓴다고 나무랐지만,

밤이 늦도록 내의를 입어 보고 또 입어 봤습니다.

예순하나

딸이 시집을 가는 날이었습니다.

딸은 도둑 같은 사위 얼굴을 쳐다보며 함박웃음을 피웠습니다.

당신은 나이 들고서 처음으로 눈시울이 붉어졌습니다.

오직 하나 자식 잘되기만을 바라며 살아온 한평생

하지만 이제는 희끗희끗한 머리로 남으신 당신,

우리는 당신을 아버지라 부릅니다.

광고〈삼성생명 '아버지 편'〉중에서

한 남자가 공장에서 일하다가
그만 기계 안으로
손가락이 빨려 들어갔습니다.
그 사고로 인해 다섯 손가락을 몽땅 잃었습니다.
어느 날, 어린 아들이 유치원에서 배웠다고
가위바위보를 하자고 합니다.
아빠는 계속해서 주먹만 냅니다.
아들은 보자기를 내며 이겼다고 좋아합니다.

혹여, 당신은 지금도
보자기만 내고 있는 건 아닌가요?
이제부턴 아버지를 위해
가위도 내보세요.

참 스승

자기 의지를 단련하기 위해
사람은 가끔 시험을 받을 필요가 있다.
스승들은 제자를 시험함으로써
참된 수행을 할 수 있게 만들고,
점차 홀로 일어설 수 있도록 가르친다.
제자가 얼마나 진보했는지를 알아보기 위해서
시험을 해 보는 것은 매우 중요하다.
시험은 또한 제자들로 하여금
자신의 진보를 평가하고
의식적으로는 알지 못하는 잘못을
자각시키는 데 도움을 준다.

스와미 라마, 〈히말라야 성자들의 삶〉 중에서

예전에 했던 드라마 '허준'에 이런 장면이 나옵니다.
허준의 스승인 유의태가 죽으면서 유언을 남깁니다.
"허준아, 내가 죽으면 내 시신에 칼을 대라.
네가 더 훌륭한 의술을 지닌 사람이 된다면
난 죽어서도 기쁠 것이다."
유의태의 시신 앞에서 허준은 망설입니다.
그리고 결심이라도 한 듯 시신에 칼을 댑니다.
인체의 내부를 들여다 본 허준은 이를 그림으로 옮깁니다.
그것이 바로 '신형장부도'라는 것입니다.

지금 이 시대의 선생님들,
그 누구도 모자라지 않습니다.
모두가 유의태이고 모두가 참스승입니다.
우리가 할 일은 다른 게 없습니다.
말씀 하나, 손짓 하나, 눈빛 하나도 놓치지 말아야 합니다.
열심히 배우고 늘 감사하며, 그보다 더 훌륭한 사람이 되는 것
입니다.

눈높이 소유

"나는 가난한 탁발승이요. 내가 가진 거라고는
물레와 교도소에서 쓰던 밥그릇과 염소 젖 한 깡통,
허름한 담요 여섯 장, 수건
그리고 대단치도 않은 평판, 이것뿐이오."
마하트마 간디가 1931년 9월 런던에서 열린
제2차 원탁회의에 참석하기 위해 가던 도중
마르세유 세관원에게 소지품을 펼쳐 보이면서 한 말이다.
K. 크리팔라니가 엮은 〈간디 어록〉을 읽다가
이 구절을 보고 나는 몹시 부끄러웠다.
내가 가진 것이 너무 많다고 생각되기 때문이다.
적어도 지금의 내 분수로는 그렇다.

사실, 이 세상에 처음 태어날 때
나는 아무것도 갖고 오지 않았었다.
살 만큼 살다가 이 지상의 적(籍)에서
사라져 갈 때도 빈손으로 갈 것이다.
그런데 살다 보니 이것저것 내 몫이 생기게 되었다.
물론 일상에 소용되는 물건이라고 할 수도 있다.
그러나 없어서는 안 될 정도로 꼭 요긴한 것들만일까?
살펴볼수록 없어도 좋을 만한 것들이 적지 않다.

법정, 〈무소유〉 중에서

고양이에게 호랑이의 심장은 필요 없습니다.
쥐를 잡을 수 있는 발톱만 있으면 됩니다.
작은 배에 큰 돛은 필요 없습니다.
돛이 너무 크면 배가 뒤집히고 맙니다.
작은 발에는 큰 신발이 필요 없습니다.
몇 걸음도 못 가서 벗겨지고 맙니다.
꽃병에 큰 나무는 필요 없습니다.
꽃병에 들어갈 작은 꽃이면 됩니다.

너무 고개를 쳐들지 마십시오.
그렇다고 아래만 보라는 것도 아닙니다.
내 눈높이에 맞게, 내게 어울릴 만큼만 소유하십시오.
그 정도로도 살아갈 수 있습니다.
충분히 아름답고 행복할 수 있습니다.

꿈의 과녁

작은 꿈을 꾸지 마라.
그것은 당신의 피를 들끓게 하는
기적을 일으키지 못한다.
원대한 꿈을 세우고
드높은 이상과 희망을 향해 나아가라.

대니얼 버넘

과녁이 가까이 있다면
그대로 과녁을 겨냥해서 쏘면 됩니다.
그러나 과녁이 멀리 있다면
어떻게 해야 할까요?
궁수는 목표물보다 더 높은 곳을 겨냥해야 합니다.
그래야 화살이 큰 포물선을 그리며
목표물에 정확히 도달하기 때문입니다.

우리의 꿈도 마찬가지입니다.
꿈의 과녁을 명중시키려면
거창하고 원대한 목표를 세워야 합니다.
꿈이 크다고 누가 뭐라 할 사람 없습니다.
오히려 꿈이 없거나 작은 게 문제인 것입니다.

끝까지 하는 힘

나는 성공에 대해
일찌감치 깨달았습니다.
성공하는 비결은
포기하지 않고 그 일에 끝까지 매달리는 것입니다.
연예계에는 하던 일을 그만두고
다른 일을 찾아 떠난 사람이 많습니다.
하지만 그렇게 떠나지 않는다면
누구나 자신이 타고 온 버스에
마지막까지 남아
종착역에 이르게 됩니다.

해리슨 포드

운동선수가 되고 싶다면
두 가지 일을 반드시 해야 합니다.
잘 먹고 잘 뛰어야 합니다.
작가가 되고 싶다면
두 가지 일을 반드시 해야 합니다.
많이 쓰고 많이 읽어야 합니다.
화가가 되고 싶다면
두 가지 일을 반드시 해야 합니다.
늘 보고 늘 그려야 합니다.
개그맨이 되고 싶다면
두 가지 일을 반드시 해야 합니다.
항상 웃고 항상 웃겨야 합니다.
인생에서 성공하고 싶다면
두 가지 일을 반드시 해야 합니다.
끝까지 노력하고 끊임없이 사랑해야 합니다.

두 가지 중 하나라도 부족하면 이룰 수 없습니다.
지름길은 없습니다.
끝까지! 끊임없이! 그 길밖에 없습니다.

감정 다스리기

행복은
건강이라는 나무에서 피어나는 꽃이다.
건강한 몸과 마음을 유지하기 위해 스스로를 단련하라.
분노와 격정과 같은 격렬한 감정의 혼란을 피하고
정신적인 긴장이 계속되지 않도록 주의해야 한다.
날마다 규칙적인 운동을 하고
섭취하는 음식물에 대한 조절이 필요하다.
건강하면 모든 것이 기쁨의 원천이 된다.
재산이 아무리 많더라도 건강하지 않으면
즐길 수 있는 마음의 여유를 가질 수 없다.

쇼펜하우어, 〈희망에 대하여〉 중에서

야구장에 가면 두 팀이 경기합니다.
그러면 당연히 팬도 둘로 나뉩니다.
자기가 좋아하는 팀이 잘하면 목이 터지라 응원하고
상대방 팀이 잘하면 야유를 보냅니다.
그렇다고 선수들은
응원과 야유에 민감해선 안 됩니다.
감정이 흔들리면 집중할 수 없어
자칫 경기를 망칠 수 있기 때문입니다.

감정 다스리기가 중요합니다.
어떤 일을 잘했다고 누군가가 칭찬한다고 해서
너무 으스대지 마십시오.
또한 어떤 일을 망쳤다고 누군가가 비난한다고 해서
너무 기죽을 필요 없습니다.
칭찬과 비난에 흔들리지 말고
하고자 하는 일을 계속 밀고 나가는 감정조절이 필요합니다.

나로부터 시작

변화는 나부터 시작합니다.
우리 각자는 남의 변화를 수동적으로
기다리지 말고 먼저 변해야 합니다.
당신이 변하고자 결정하면 당신은 강한 사람입니다.
당신이 스스로의 한계를 아는 순간
당신은 그것을 넘어설 수 있습니다.
당신이 아는 것과 알지 못하는 것을 이해하는 순간
당신은 지혜를 깨닫기 시작하는 것입니다.
변화는 당신으로부터 시작됩니다.

로버트 로젠, 〈황홀한 걱정〉 중에서

나 하나 휴지를 줍는다고
뭐가 달라지겠느냐고 말하지 마세요.
환경미화원의 수고를 덜어주는 가치 있는 일입니다.
나 하나 웃는다고
분위기가 달라지겠느냐고 말하지 마세요.
웃음은 순식간에 퍼져 온 세상이 웃음바다가 됩니다.
나 하나 민들레가 된다고
들판이 달라지겠느냐고 말하지 마세요.
홀씨가 휘날려 들판이 온통 민들레 천지가 됩니다.
나 하나 노란 은행잎이 된다고
낭만 가득한 거리로 변하겠느냐고 말하지 마세요.
하나가 둘이 되고 둘이 곧 수천 개가 되어
거리는 한 폭의 그림이 됩니다.

세상의 변화는 나 하나로부터 시작됩니다.
나 하나의 땀방울이 세상의 발전이 되고
나 하나의 일기가 세상의 역사가 되고
나 하나의 사랑이 세상의 평화가 됩니다.

뒤집기

헨리 포드는 처음부터 사업에 대성할 포부로
자동차 공장의 직공이 된 사람은 아니었다.
자동차공장의 직공이 되어, 그 일에 흥미를 가지고
자기 맡은 일을 열심히 하면서
마침내 세계 제일의 자동차 기업주가 된 것이다.
비록 목표나 무엇이 될 것인지 뚜렷하게
알 수 없을 때에도 하루하루 자신의 일에 완벽을 기하라.
그러면 시나브로 길이 열린다.
오늘 자신이 할 수 있는 일을 하는 것이 당신의 몫이다.

  그로위트

씨름의 기술은 참 다양합니다.
앞무릎치기, 뒷무릎치기, 오금당기기,
밭다리걸기, 안다리걸기, 들배지기, 엉덩배지기,
돌림배지기, 맞배지기, 뒤집기 등등.
그 중에서 가장 짜릿한 승부를 자아내는 기술은
뭐니 뭐니 해도 '뒤집기'입니다.
예전에 이승삼 선수는 뒤집기 명수로 유명했습니다.
그의 뒤집기를 보면 카타르시스를 느낍니다.

절망을 희망으로 바꾸는 순간은 종종 있습니다.
루즈벨트를 누가 소아마비로 기억합니까?
베토벤을 누가 청각장애인으로 기억합니까?
링컨을 누가 초등학교도 못 마쳤다고 기억합니까?
절망은 끝이 아닙니다.
그 상황을 뒤집을 용기와 집념만 있다면
더 멋진 후반부가 펼쳐집니다.
인생은 여전히 반전의 기회가 있습니다.
뒤집으십시오. 최고의 뒤집기 명수가 되십시오.

틀에서 탈출

인생이 비참하게 느껴집니까?
능력이 너무 없는 것 같고
앞날은 먹구름이 낀 듯
두렵기만 합니까?
하지만 어쩌겠습니까?
그럼에도 불구하고
당신을 성장시킬 수 있는 사람은
당신밖에 없는 것을.

다그 함마슐드

빠삐용은 감옥을 탈출한 적이 있습니다.
신창원도 감옥을 탈출한 적이 있습니다.
북한 동포들은 지금도 탈출하고 있습니다.
아무리 삼엄한 감시라고 해도
그들은 탈출에 성공합니다.
그러나 철장도 없고
감시카메라도 없고 보초도 없는데
탈출하기가 참으로 어려운 게 있습니다.
그건 바로 고정관념이라는 틀.

우리는 그 틀 안에 갇혀 사는 노예입니다.
거기서 자유롭지 못하니까
생각은 절뚝거리고 사상은 흔들립니다.
세상을 자유롭게 하고 사람을 더 넓게 포용하고 싶고
인생을 더 깊게 깨닫고 싶다면
자신이 만든 틀에서 탈출을 감행해야 합니다.
틀에서 탈출하는 자, 그가 진정한 자유인입니다.

평범함의 재능

그 역할을 꽃미남 배우가 연기하는 것과
제가 연기하는 것 중에
어떤 배우를 캐스팅하는 것이
관객의 공감을 더 많이 얻을 수 있을까요?
이런 관점에서 감독님들이 저를 찾아주시는 것 같아요.
어떻게 관객이 부담을 느끼지 않고
더 쉽게 인물에 공감할 수 있을까요.
전 외향적으로 특출한 점이 없거든요.
배우를 하지 않았다면
어디에나 있을 법한 평범한 사람이에요.
눈에 띄지 않는 제 평범함이
오히려 감독님들께 장점으로 보이는 것 같아요.

영화 〈미나문방구, 배우 봉태규 인터뷰〉 중에서

남보다 모든 면에서 뛰어난 한 사람이 있습니다.
그는 공부도 잘하고 인물도 좋고
돈도 많고 사교성도 좋습니다.
사람들은 당연히 그가 성공할 거로 생각합니다.
그러나 그는 성공하지 못했습니다.
반면 또 한 사람이 있습니다.
공부도 그럭저럭, 인물도 평범한 데다
돈도 없지만, 사교성은 원만한 보통 사람입니다.
그러나 그는 성공의 길을 걷고 있습니다.
모든 면에서 뛰어난 사람보다
그저 보통 사람인 그가 어떻게 성공하게 된 걸까요?

'뷔페와 부대찌개의 법칙'에서 찾아볼 수 있습니다.
잘나고 재능이 출중해도 조화를 이뤄내지 못하면
헛배만 부른 '뷔페'에 지나지 않습니다.
그러나 보잘것없는 사람이라도
그 평범함을 잘 버무리면
'부대찌개'처럼 최고의 맛을 낼 수 있습니다.
남보다 뛰어난 게 없다고 좌절하지 마십시오.
평범함이 개성이 되기도 하고 재능으로 발전할 수도 있습니다.

끝으로부터 시작

문제를 해결하는 가장 좋은 방법은
모든 문제들과 함께 숨 쉬는 것이다.
지금 당장 그대 앞에
닥친 문제들과 함께 숨 쉬어라.
그러면 언젠가 자신도 모르는 사이에 문제의 답이
그대에게 주어져 있음을 깨닫게 될 것이다.
항상 시작하는 자세로,
시작하는 사람으로 살아가라.

라이너 마리아 릴케

코끝에 닿는 혀, 참 신기합니다.
손톱 끝에 달린 봉숭아물, 참 귀엽습니다.
10년 연애 끝에 결혼, 참 숭고합니다.
우여곡절 끝에 성공, 참 멋집니다.
이 밤의 끝을 잡고 그리워하기,
참 아름답습니다.
오랜 방황 끝에 귀가, 참 반갑습니다.
싸움 끝에 다시 화해, 참 다정합니다.
나뭇가지 끝에 달린 열매, 참 탐스럽습니다.

우리는 끝을 마지막으로 알고 있습니다.
그러나 끝은 마지막이 아닙니다.
끝은 위대한 말입니다.
끝이 있기에 다시 시작할 수 있기에 그렇습니다.
다시 시작하는 마음으로
인생의 첫 페이지를 넘기는 하루 되십시오.

재능 발견

말은 빠른 걸음으로 달아나
적에게서 살아남는다.
그러므로 말은 수탉처럼
노래할 수 없을 때가 아니라
타고난 빠른 걸음을 잃어버렸을 때 불행하다.
개에게는 후각이 있다.
그러므로 개는
날 수 없을 때가 아니라
타고난 후각을 잃어버렸을 때가 불행하다.

레프 톨스토이, 〈톨스토이와 행복한 하루〉 중에서

"당신이 가장 잘하는 게 뭡니까?"
이 질문을 받았을 때 자신 있게
대답할 수 있는 사람이 몇이나 될까요?
대부분의 사람이 고개를 갸웃거리며 중얼거릴 겁니다.
"내가 잘하는 게 뭐지?"
내가 가장 잘할 수 있는 것, 즉 재능이 아직 없다고 해서 실망할 필요는 없습니다.
누구나 하나쯤은 남보다 잘하는 게 있기 마련입니다. 타고난 재능이 없다면 살면서 만들면 됩니다. 어쩌면 타고난 재능이 있긴 한데 아직 발견되지 않았는지도 모릅니다.
재능이 다양하면 좋겠지만 그렇지 않더라도 상관없습니다.
똘똘한 것 하나만 있다면 그것으로 충분합니다. 하나가 모든 것을 다 이길 수 있습니다.
오늘 밤, 내가 정말로 잘하는 게 뭔지 진지하게 생각해보기 바랍니다. 딱히 떠오르지 않는다면 내가 가장 좋아하는 것부터 떠올려보세요. 잘하는 것과 좋아하는 것은 대부분 같은 길 위에 있으니까요.

겨울이 주는 선물

겨울이 추운 것은
소중한 사람의 온기를 알게 하기 위해서이다.

영화 〈도가니〉 중에서

늘 뒤늦게 깨닫습니다.
그 존재에 대한 소중함을.
늘 뒤늦게 아파합니다.
그 존재에 대한 미안함을.
늘 뒤늦게 달려갑니다.
그 존재에 대한 그리움을.
늘 뒤늦게 감사합니다.
그 존재에 대한 사랑을.
왜 그러는 걸까요?
있을 때 그 소중함을 깨달았다면
감사하다고, 사랑한다고, 그리웠다고
맘껏 표현하고 맘껏 안아주고 맘껏 울어줄 수 있는데
더는 함께 할 수 없을 때, 왜 그때야 눈물로 다가오는 걸까요.

겨울이 또 다가옵니다. 올겨울은 유난히 춥다고 합니다.
이제는 달라지십시오. 곁에 있는 이와 함께 하십시오.
봄에 지난 겨울을 그리워하지 않고
여름에 지난 봄을 아쉬워하지 마십시오.
겨울도 함께, 봄도 함께 그렇게 지내십시오.
서로의 온기를 나누며 이 계절을 함께 느끼며
그렇게 후회 없이 지내십시오.

주 어 진 삶

호두를 쪼개서 안을 들여다보자.
호두 속살이 껍질 구석구석,
틈새마다 꽉 채워져 있다.
껍질 때문에 크기나 모양을
스스로 정하지는 못해도
그 한계 속에서 최대한 성장한 모습이다.
우리도 호두처럼 주어진 삶의 공간에서
꽃을 활짝 피운다면 얼마나 좋을까.

B. 카바노프, 〈씨 뿌리는 사람의 씨앗 주머니〉 중에서

작은 연못에 사는 개구리는
늘 더 넓고 깊은 연못을 꿈꿉니다.
"내가 사는 곳은 왜 이러지?"
"언젠가는 여길 벗어날 거야."
눈만 뜨면 이곳을 벗어날 생각만 합니다.
그러다 세월이 지났습니다.
개구리는 지난날을 되돌아보니
무엇 하나 이룬 것도 없고
하루하루 충실하게 살지도 않은 것 같아
후회가 되었습니다.
늘 다른 곳만 동경했지 정작 자신이 사는 연못이
얼마나 아름다운지 깨닫지 못했습니다.

눈을 감기 전에 개구리는 연못을 바라보았습니다.
작은 물고기, 연꽃, 연못 주위의 아름다운 꽃들,
그리고 팔랑거리는 나비, 고요한 물안개 등등.
참으로 아름다운 것들 천지였습니다.
"아, 이곳도 살 만한 곳이었구나.
먼 곳만 바라보지 말고 내가 가진 것에 만족하고
하루하루 열심히 살걸."
아름다운 작은 연못을 남긴 채 개구리는 떠났습니다.

천천히 가는 인생

사람의 일생은
한 순간의 여유마저 없다.
그런데도 사람들은
영원히 살 것처럼
한 순간 한 순간을 소홀히 여긴다.

셰익스피어

빨리 달린다고 한들 얻는 게 뭐가 있겠습니까?
뭐가 그리 급하다고 이리 달리십니까?
누가 쫓아오기라고 합니까?
죽음과 그리도 빨리 키스하고 싶습니까?

속도에 취하면, 욕망에 물들면 일을 그르치게 됩니다.
제대로 하려면 차분한 마음으로 계획대로 일을 진행해야 합니다. 천천히 간다고 해서 늦는 건 아닙니다. 방향만 제대로 정했다면 그게 오히려 더 빨리 가는 방법입니다.
가끔 뒤를 돌아보십시오. 저 뒤에서 헉헉대며 따라오는 내 영혼도 챙겨 함께 가십시오.

인생은 생각보다 깁니다.
돌탑에 하루에 하나씩 돌을 쌓아가듯 인생을 좀 천천히 다져가기 바랍니다. 한꺼번에 여러 개의 돌을 올리면 돌탑은 무너지고 맙니다. 천천히, 여유롭게 인생의 속도를 늦추십시오. 천천히 사는 인생이 즐겁습니다.

내 마음
들었다 놨다

초판 1쇄 인쇄 | 2013년 11월 25일
초판 1쇄 발행 | 2013년 11월 28일
초판 2쇄 발행 | 2013년 12월 19일
초판 3쇄 발행 | 2014년 3월 10일
초판 4쇄 발행 | 2014년 6월 9일
초판 5쇄 발행 | 2015년 3월 16일

지은이 | 김현태
펴낸이 | 김의수   펴낸곳 | 레몬북스(제396-2011-000158호)
전화 | 070-8886-8767   팩스 | (031) 955-1580
이메일 | kus7777@hanmail.net
주소 | 경기도 파주시 문발동 535-7 세종출판벤처타운 404호
디자인 | papermime
ⓒ 김현태

ISBN 979-11-85257-01-3 (03810)

※ 잘못 만들어진 책은 구입처에서 교환 가능합니다.

「이 도서의 국립중앙도서관 출판시도서목록(CIP)은 서지정보유통지원시스템 홈페이지(http://seoji.nl.go.kr)와
국가자료공동목록시스템(http://www.nl.go.kr/kolisnet)에서 이용하실 수 있습니다.
(CIP제어번호: CIP2013024453)」